Manfried Fischer

# Leben im 20sten Jahrhundert
Eine Rekonstruktion anhand von Zeitzeugnissen eines bürgerlichen Familienarchivs

*„Greift nur hinein ins volle Menschenleben …“*
*(Goethe, Faust; Vorspiel)*

# Leben im 20sten Jahrhundert

## Eine Rekonstruktion anhand von Zeitzeugnissen eines bürgerlichen Familienarchivs

**von**

**Manfried Fischer**

Re Di Roma-Verlag

Bibliografische Information der Deutschen Nationalbibliothek:
Die Deutsche Nationalbibliothek verzeichnet diese Publikation in der Deutschen Nationalbibliografie; detaillierte bibliografische Daten sind im Internet über http://dnb.ddb.de abrufbar.

ISBN 978-3-86870-789-2



www.rediroma-verlag.de
8,95 Euro (D)

# Inhalt

# Vorwort

Schon vor einigen Jahren habe ich die schriftliche Hinterlassenschaft meiner Eltern gesichtet und sie in eine für meine Familie lesbare Form gebracht. Dafür bestand dringender Handlungsbedarf, denn die recht umfangreichen Aufzeichnungen beider Elternteile sind in Sütterlin geschrieben, somit für meine Kinder nicht mehr lesbar und dementsprechend nach meinem Tod ziemlich sicher der „Entsorgung" verfallen. Diese auch für mich nicht ganz einfache Aufgabe, denn bei meiner Einschulung gab es nur noch die neue lateinische Einheitsschrift, habe ich anfangs in erster Linie als eine Kindespflicht empfunden, aber schon bald entdeckte ich, welch exemplarische Zeitzeugnisse die Berichte aus ihrem Leben darstellen.

Trotzdem konnte ich mich lange nicht entschließen, ihre Lebenserfahrungen der Öffentlichkeit zugängig zu machen, schienen sie mir doch im Schatten der Weltgeschichte nicht gewichtig genug zu sein. Diese Einschätzung hat sich aber in jüngster Zeit geändert.

Inzwischen befinden wir uns bereits im 15. Jahr des 21sten Jahrhunderts und die gegenwärtige poltische Entwicklung gibt Anlaß, den von meinen Eltern bis zu ihrem Tod an den Tag gelegten Optimismus zu hinterfragen. Vor allem mein Vater hatte nach den Erfahrungen mit den zwei schrecklichen Weltkriegen und seinem dadurch verursachten Weg vom „glühenden Patrioten" zum überzeugten Europäer die Überzeugung gewonnen, daß zumindest in den europäischen Ländern eine Ächtung des Krieges als Fortsetzung der Politik mit anderen Mitteln, wie das noch verharmlosend am Anfang des zwanzigsten Jahrhunderts formuliert worden war, ein für alle Mal gesichert und damit die Gewähr für eine friedliche Zukunft gegeben sei. Leider erleben wir schon nach kurzer Zeit, daß die Menschheit auch durch größte Katastrophen nichts dazulernt und ihre Machtgier als die Ursache aller Kriege offenbar unausrottbar ist. Besonders erschreckend ist dabei, wie schnell es

geschickte Demagogen fertig bringen, ihren Anhang für die Anwendung brutalster Gewalt zu gewinnen.
Um so stärker fühle ich mich aufgerufen, die Überzeugung meiner Eltern, daß ein friedliches Zusammenleben aller Menschen möglich ist, als ihre wichtigste Hinterlassenschaft einem möglichst großen Leserkreis weiter zu geben.

# 1. Bücher

Meine Eltern sind beide noch im 19ten Jahrhundert geboren, aber ich glaube nichts Falsches zu sagen, wenn ich sie als typische Vertreter eines späten Bildungsbürgertums bezeichne. Bildung, Wissen war für sie wichtiger als Besitz und Kapital. Und als Ausweis und zugleich Eintrittskarte dazu dienten Bücher, die nahezu den Charakter eines Fetischs besaßen. Etwas überspitzt formuliert galt es in der Generation meiner Eltern als Nachweis von Bildung, eine Bibliothek zu besitzen. In einer mathematischen Formel ausgedrückt hieß das vereinfacht: Bildung verhält sich proportional zu der Größe der eigenen Bibliothek.
Ob selbst gelesen oder nur angehäuft, war dabei für den Außenstehenden natürlich nicht erkennbar, aber der erste Eindruck beim Überfliegen der Bücherrücken in den Schränken oder Regalen gab schon einmal für ihn eine erste Antwort auf die Frage: mit wem habe ich es hier zu tun?
Aber nicht nur der Umfang einer Bibliothek, sondern noch mehr ihr Inhalt gab recht zuverlässige Hinweise auf deren Besitzer und seine Interessen. Dabei war es mehr oder minder selbstverständlich, dass die deutschen Klassiker im Mittelpunkt einer ordentlichen Bibliothek zu stehen hatten, und unter ihnen der „Deutsche Dichterfürst“ Goethe in aller erster Reihe.

War erst einmal auf diese Weise ein solcher erster Eindruck entstanden, gehörte es zu dem üblichen Gesellschaftsspiel, bei jeder sich bietenden Gelegenheit mit seiner Bildung dadurch zu brillieren, dass man in das Gespräch Zitate einfließen ließ, auf die der Gesprächspartner dann einzufallen hatte, indem er das Zitat fortsetzte, falls er das konnte. Wer also etwas gelten wollte, hatte einen umfangreichen Zitatenschatz im Kopf, am allerbesten auch

lateinische oder gar griechische Zitate, die dann an passender Stelle eingeflochten wurden.
Mindestens den „Faust“ musste man recht gut beherrschen, also weit gehend aufsagen können, wozu er ja auch in der Schule gründlich durchgenommen wurde, um dann durch den Besuch von Theateraufführungen alle paar Jahre neu eingeübt zu werden. Daraus dürfte dann im Lauf der Zeit dem gebildeten Deutschen das Bild vom „faustischen Menschen“ aufgeprägt worden sein.

Auch auf meine Eltern traf diese gesellschaftliche Gepflogenheit in beachtlichem Umfang zu. Ich würde ihnen aber sicher Unrecht tun, wenn ich ihnen damit eine Art Bildungsprotzerei unterstellte; ich bin vielmehr davon überzeugt, dass sie ihren Goethe soweit verinnerlicht hatten, dass er für sie bis zu einem gewissen Grad zum Maß aller Dinge geworden war – sich daran zu orientieren gab ihnen Halt und Sicherheit und wurde so zu einer verlässlichen Basis in der Kommunikation mit gleichgestellten Gesprächspartnern.

Dazu kommt noch, daß „Weiterbildungs-Angebot“ damals noch ein Fremdwort war. Was man in der Schule nicht gelernt hatte, wurde einem später nicht noch einmal offeriert, es sei denn, man bemühte sich selbst nach Kräften darum. Das gilt ganz besonders für Leute, die nicht das Glück hatten, studieren zu können, und dazu gehörten meine Eltern.
Bildung hat man sich also in erster Linie erlesen, andernfalls war es eben meist nicht weit her damit.

Was ich über die Generation meiner Eltern zum Thema Bücher sagte, trifft weitgehend auch noch für meine Generation zu; es erscheint mir allerdings fraglich, ob unsere Einstellung zu Büchern als liebgewordene und wichtige Begleiter unseres Lebens im Zeichen der Computerisierung noch lange Bestand haben wird. Doch das ist ein anderes Thema.

Ich meine, diese Feststellung den Aufzeichnungen meiner Eltern vorausschicken zu sollen, denn das scheint mir der einzige einigermaßen passende Schlüssel zu sein, der ihren quantensprungartigen Aufstieg aus kleinbürgerlichen Verhältnissen in den Kreis der „oberen Zehntausend“, um diesen eher etwas anrüchigen Begriff hier einmal zu gebrauchen, einordnen und verstehen zu können.

Und noch eine zweite Vorbemerkung halte ich für angebracht.
Als ich mir die Frage stellte, ob sich denn überhaupt jemand über den Familienkreis hinaus für das Leben meiner Eltern interessieren werde, stellten sich zunächst erhebliche Zweifel an der „Biografie-Würdigkeit“ des Stoffes ein.
Die Ausgangslage ist beim ersten Hinsehen auch nicht gerade gewaltig, wenn man sich so an anderen Biografien orientiert:

> es gibt keine bedeutenden Heldentaten zu berichten;
> es handelt sich nicht um Personen des öffentlichen Interesses;
> es geht nicht um weithin bekannte, klingende Namen und Geschlechter.

Und schließlich sind die wichtigen Ereignisse der Zeit, die in die Lebensspannen meiner Eltern fallen,

> der Weg vom Kaisertum in eine moderne Demokratie,
> die Weltkriege I und II,
> 12 Jahre Nationalsozialismus,
> Inflation und Weltwirtschaftskrise,
> Aufstieg und Niedergang des Bürgertums,

und vieles andere von Berufeneren als mir bereits ausführlich beschrieben, analysiert und bewertet worden und stellen inzwischen einen weitgehend gesicherten Inhalt der Geschichtsbücher dar.

Was also soll ein neuer Aufguss?

Ähnliche Gedanken hat sich auch mein Vater gemacht, bevor er sich hinsetzte, um seine Lebenserinnerungen zu schreiben.

*„Bei den riesigen Ausmaßen der geschichtlichen Abläufe seit 1900 haben nur verhältnismäßig wenige Menschen das Geschehen mehr oder weniger direkt beeinflusst; die große Mehrheit spielte bei den Entscheidungen kaum eine Rolle. Dementsprechend kann es sich bei persönlichen Erinnerungen nur um kleine Geschichten im Schatten der Weltgeschichte handeln. Aber schließlich trägt jeder ein Stück Überlieferung und Geschichte in sich, und wenn man all diese verschiedenfarbigen Stückchen zusammen setzen würde, käme – wie ein buntes Mosaik – ein Kapitel Weltgeschichte heraus."*

So will ich es genau wie er mit Goethe halten: *„Greift nur hinein ins volle Menschenleben..."*, und dies als Aufforderung verstehen, ein neues buntes Steinchen zu dem großen Mosaik hinzuzufügen.

Das Kapitel „Bücher" ist damit im allgemeinen abgeschlossen, enthält aber noch eine Arabeske, die meiner Ansicht nach besonders typisch für meine Eltern ist, zumindest bin ich bei meinen Recherchen hierzu sonst nicht fündig geworden.

In der Bibliothek meiner Eltern befand sich ein Buch, das schon äußerlich aus dem Rahmen fiel. Während sich die Werke der deutschen Klassik, die in großer Zahl vertreten waren, in sehr gutem Zustand befanden, teilweise sogar mit Goldschnitt und in Leder gebunden glänzten, war ein einziges Buch in vergilbtes dickes Packpapier gehüllt und von meinem Vater in seiner unverkennbar ordentlichen Schrift mit blauer Tinte mit dem Titel versehen: „Dreizehnlinden", aber ohne Angabe des Verfassers.

Die meisten Bücher dieser Bibliothek waren mir seit meiner Kindheit vertraut, oft hatte ich Titel und Verfasser durchbuchstabiert. Viele habe ich dann auch irgendwann zur Hand genommen und mit der Pauschalerlaubnis meines Vaters gelesen – er meinte, ich würde schon selber schnell herausfinden, ob das Buch zum gegenwärtigen Zeitpunkt für mich geeignet sei, und Bücher, die meine Entwicklung negativ beeinflussen konnten, waren wohl ohnehin nicht vertreten.
Doch die Lektüre dieses einen hatte mich nie gereizt, zu oft hatten meine Eltern mit der Rezitation ganzer Passagen meine Neugier auf den gesamten Inhalt begrenzt. Meine Mutter hatte oft einen Spruch vor allem aus dem Kapitel „Des Priors Lehrsprüche“ parat und geizte nicht, diesen dann auch bei sich bietender Gelegenheit zum Besten zu geben.
Als ich mich jetzt intensiver mit dem Leben meiner Eltern zu beschäftigen begann, kam mir sozusagen auf Schritt und Tritt dieses Buch und seine Weisheiten in den Sinn. Mehrfach hatte ich in den letzten Jahren den Bestand der geerbten Bibliothek reduziert, doch jedes Mal davon abgesehen, dieses wegzuwerfen, wohl aus Pietät, vielleicht aber auch im Ahnen, dass es eine Art Schlüssel zum Leben meiner Eltern darstellt.
Also nahm ich es jetzt zum erstenmal wirklich neugierig in die Hand, und siehe da, es begegneten mir wieder all die wohlbekannten Sinnsprüche, die sie so sehr geliebt hatten, und es wurde mir immer klarer, wie sehr ihre Weltsicht und ihre Einstellungen sich darin spiegeln. Selbst meine Zweifel, ob mein kleines literarisches Vorhaben sich lohnen werde, also eine Leserschaft zumindest im Familienkreis finden werde, fanden dort eine passende Antwort, wo der Prior zu Elmar, dem im Kloster gesund gepflegten heidnischen Keltenfürsten, spricht:

*„Elmar, wer nach siebzig Jahren*
*Rückwärts blickt den Weg, den langen,*
*Kluges kann er dir bescheiden,*
*Wenn er offnen Aug's gegangen."*

Und das steht für mich fest: offnen Aug's sind sie den Weg gegangen, durch ein Jahrhundert, das zweifellos eines der interessantesten war, das die Menschheit je erlebt und erlitten hat, zumindest in Europa.

Und als Zeitzeugen haben beide Eltern in verschiedenen Phasen ihres Lebens das Gesehene reflektiert und in schriftlicher Form niedergelegt, so daß ich sie überwiegend selbst zu Wort kommen lassen kann. Wo immer möglich werde ich also versuchen, die ohnehin nicht unvoreingenommene Betrachtung aus Sohnessicht zu Gunsten des Originaltextes aus der Feder meiner Eltern zurückzustellen.

# 2. Die Quellen

Mein Vater, Hermann Georg Fischer, hat nach seiner Pensionierung mit 68 Jahren begonnen, seine Lebenserinnerungen zu schreiben. Zeit seines Lebens waren Geschichte und Erdkunde seine Lieblingsfächer. Und wo immer ihm das möglich war, hat er sich mit Ahnenforschung beschäftigt. Ich verdanke ihm sowohl einen lückenlosen Stammbaum der Fischer-Linie zurück bis zum Westfälischen Frieden, dazu den der Sippe Hehn, also seiner Frau. In beiden Fällen kamen auch unbekannte und unerwartete Fakten zu Tage, auf die ich aber trotz ihres allgemeinen historischen Interesses im vorliegenden Kontext nicht ausführlich eingehen kann.

Seine Aufzeichnungen umfassen ca. 250 eng beschriebene DinA4-Seiten; sie sind mit Tinte in Sütterlin geschrieben und wegen der schlechten Papierqualität oft nur schwer zu entziffern. Es zeigt sich hierin aber die große Sparsamkeit meines Vaters, die sowohl auf seine schwäbische Abstammung als auch auf sein Herkommen aus einfachsten Verhältnissen zurück zu führen ist. So war es bei uns während des Krieges und noch lange danach selbstverständlich, dass die Tageszeitung nach ihrem Studium für weiteren Gebrauch bereitstand, so etwa von Zeit zu Zeit fein säuberlich zu Klopapier verarbeitet wurde. Auch benutzte er systematisch die Rückseiten von einseitig bedrucktem Papier; für die Ahnentafeln mussten gar alte Baupläne herhalten.

Auch als Pensionär stand ihm nicht die für sein Hobby, denn das war es in den Augen seiner Frau, erwünschte Zeit zur Verfügung, denn „*es zeigte sich bald, dass meine Erwartungen auf viel Freizeit sehr stark übertrieben waren, denn es gab für mich so viele andere Arbeiten, dass ich mich nur in den Wintermonaten stärker mit meinem Erinnerungs-Hobby beschäftigen konnte. Erst jetzt konnte ich auch beurteilen, was meine liebe Frau an Arbeiten für unseren privaten Sektor geleistet hat. Sie war aber auch tief durchdrungen von ihrer nicht leicht genommenen Aufgabe, dass sie mich in meiner neuen Stellung als Rentner vor allem körperlich zur Erhaltung meiner Gesundheit beschäftigen müsse, und sie war im Suchen von körperlich beanspruchenden Aufgaben über alle Maßen erfinderisch. Doch zu ihrem Lobe sei gesagt, dass mir ihr Rezept bisher nur gut getan hat.“*

Auch erfüllte sich sein Wunsch nicht, dass er eines Tages sein Manuskript seiner Schwiegertochter in die Maschine diktieren könne; einerseits fehlte es ihr einfach an der Zeit, andererseits vielleicht auch an der dafür nötigen Begeisterung.

Als ein Mensch, der es gewohnt war, den Wert seiner Handlungen schon im Vorhinein abzuwägen, hat er sich zunächst sehr eingehend mit den Gründen auseinandergesetzt, die ihn veranlasst haben, seine Erinnerungen aufzuschreiben. Seine Gedanken hierzu möchte ich wörtlich wiedergeben, auch in dem Bewusstsein, dass in ihnen weitgehend die gleichen Beweggründe enthalten sind, die auch mich leiten, wenn ich das Leben meiner Eltern zu schildern versuche.

*„Die Erschütterungen zweier Weltkriege und ihre Auswirkungen auf alle Gebiete unseres Lebens sowie die ungeheuer rasch verlaufende technische Entwicklung besonders in der Kernphysik und in der Raketentechnik mit dem Beginn der Weltraumfahrt brachten im 20. Jahrhundert für Westeuropa und die USA gewaltige Umwälzungen. Aber auch die übrigen Teile der Erde sind voll Gärung. Noch vor dem ersten Weltkrieg meinten wir, die Menschen in der Zeit der französischen Revolution und der Zusammenschluss der deutschen Stämme unter Kaiser Wilhelm I. hätten in verhältnismäßig wenigen Jahren mehr erlebt als die in irgendeinem anderen Zeitabschnitt. Aber für die Generationen, welche die beiden Weltkriege und die Zeit davor und danach erlebten, ballte sich viel mehr an Erschütterungen, Einstürzen alter Traditionen und Neu-*

*ordnungen zusammen als für irgendein anderes Geschlecht der Menschheitsentwicklung.*

*Von dieser Überzeugung ausgehend gedenke ich meine Lebenserinnerungen zu schreiben, was ich schon seit vielen Jahren beabsichtigt und dafür auch mancherlei Unterlagen gesammelt habe. Dabei bin ich mir immer klar darüber gewesen, dass es sich nur um sehr kleine Geschichten im Schatten des Weltgeschehens handeln kann. Aber schließlich trägt jeder ein Stück Überlieferung und Geschichte in sich, und wenn man alle diese verschieden farbigen Stückchen zusammensetzen würde, käme – wie ein buntes Mosaik – ein Kapitel Weltgeschichte heraus. Auch darüber bin ich mir bewusst, dass jeder Mensch einsam ist in seinem Gehäuse, ein Träger von Bildern im Wachen und Schlafen, die meist nicht mitteilbar sind.*

*Ebenso bin ich mir bewusst, dass mir vom Herrgott bis heute ein überaus reiches Leben beschieden war, das nur aus den mir von Ihm verliehenen körperlichen und geistigen Gaben zu verstehen ist. Und dafür kann ich Ihm bis an mein Lebensende nicht genug dankbar sein. (...)*

*Zu verdanken haben wir unseren Lebenserfolg in erster Linie der Fügung Gottes, sodann der von unseren Vorfahren in glücklicher Mischung vererbten guten körperlichen und vor allem geistigen Anlagen, unseren eigenen Bemühungen um Weiterbildung und schließlich dem dazugehörigen Quäntchen Glück. (...) Zusammenfassend kam ich zu der Überzeugung, dass es für jeden Menschen nicht unwichtig sein kann zu wissen, wo er herkommt, worauf er steht und was er ist. Das was er hat und was er vorstellt kommt erst in zweiter und dritter Linie.“*

Seine ausführlichen Erinnerungen decken allerdings nur die ersten 26 Jahre seines Lebens ab, sie enden mit dem Ende des ersten Weltkriegs. Die Zeit danach hat er in einer Art Kurz-Lebenslauf stichwortartig festgehalten, ohne aber die einzelnen Ereignisse zu kommentieren und zu werten.

Von meiner Mutter, Johanna Pauline Fischer, geb. Hehn, existieren eine ganze Reihe von Quellen. Sie schrieb gut und anschaulich und mit hohem emotionalen Engagement, aber leider nicht regelmäßig sondern jeweils themenbezogen. Bei der Qualifizierung ihrer ganzen schriftlichen Hinterlassenschaft ist zu beachten, dass ihr nur eine Volksschul-Bildung zur Verfügung stand; das Zeug zu Höherem hätte sie nach meiner Einschätzung allemal gehabt.

Ihr „Hauptwerk", wie ich es nennen möchte, hat sie in ein ca. drei Zentimeter dickes, mit bunter Tapete bezogenes Buch mit linierten Seiten geschrieben; allein das deutet daraufhin, dass ihr das Schreiben eine wichtige Herzensangelegenheit war und sie in dem dicken Buch sicher viel regelmäßiger ihr Herz ausschütten wollte, als sie es dann tun konnte. So bedauert sie es immer wieder, dass sie wieder ein ganzes Jahr oder auch mehrere Jahre nicht dazu gekommen sei, über das Vorgefallene zu berichten.

Das besagte Buch ist auf der ersten Seite betitelt mit:

Unser Haus in München-Solln
Hackländerstr. 6

Im ersten Kapitel, das sie im Dezember 1939 schrieb, schildert sie die immensen Schwierigkeiten des Umbaus dieses schon im Frühjahr des Jahres gekauften ersten eigenen Hauses, die sich infolge des plötzlichen Kriegsausbruchs ergeben haben. Ihr Mann war schon im August eingezogen worden und so hatte sie die schier unglaublichen Probleme allein zu bewältigen.

Über die Kriegsjahre und die in dem Haus spielenden Schrecknisse berichtet sie dann erst im Nachhinein, im Januar 1947.

Weitere Eintragungen folgen sporadisch, so zur Währungsreform und dann in der Regel zum Beginn eines neuen Jahres mit einem Rückblick auf die Ereignisse des abgelaufenen.

Obwohl ihr selbstgewähltes Thema mit dem Umzug in unser neues Haus in Großhesselohe eigentlich abgeschlossen war, folgen noch zwei resümierende Betrachtungen über ihr Leben, geschrieben am Tage der Goldenen Hochzeit und kurz vor ihrem 83. Geburtstag.
Außerdem beschrieb sie in einem anderen Buch (mit Goldschnitt und in Leder gebunden) die Zeit von 1934, beginnend mit meiner Geburt am 18. September, bis Anfang 1939; in dieses Buch hat sie auch einige selbstgemachte Fotos sowie Zeitungsausschnitte über wichtige Ereignisse der Zeit eingeklebt.
Schließlich gibt es aus ihrer Feder noch einige Reisetagebücher, eine kurze Schilderung „Unser Leben in Stichworten“, eine Aufstellung der gebauten Objekte, der Umzüge, der Krankheiten sowie einen „Rückblick auf unseren gemeinsamen Lebensweg“. Und ganz gelegentlich bestieg sie auch den Dichtergaul Pegasus, der ihr durchaus zur Verfügung stand.

Neben dieser Fülle an schriftlichen Dokumenten steht mir natürlich noch mein eigener Erinnerungsschatz zur Verfügung, so weit er eben noch zurückreicht. Immerhin habe ich 46 Jahre mit meiner Mutter, gar 50 Jahre mit meinem Vater zusammengelebt und das im wahrsten Sinn des Wortes, denn auch nach Gründung einer eigenen Familie wohnten wir immer im selben Haus, wenn auch in getrennten Wohnungen. Das war vor allem anfangs für Marianne, meine Frau, sicher nicht leicht, hat sich aber später als ein großes Glück erwiesen, als die vier Kinder für längere Zeit infolge ihres Gehirntumors keine Mutter und dann später nur eine langsam genesende hatten. Die Großeltern haben da in jeder Hinsicht großartig mitgeholfen, diese schwerste Phase unseres Lebens durchzustehen.

# 3. Die Wurzeln

Meine Eltern waren beide Schwaben.

Allerdings muss man ihre landsmannschaftlichen Wurzeln in zwei recht verschiedenen Volksstämmen suchen, denn Sontheim, heute ein Stadtteil von Heilbronn, wo meine Mutter geboren und aufgewachsen ist, liegt im Zentrum des schwäbischen Unterlands, während die Familie meines Vaters aus dem alemannischen Schwaben stammt. Er selbst ist zwar in Ludwigsburg geboren, aber die „Fischer“ waren, so weit sich ihre Spuren zurückverfolgen lassen, das, was der Name auch besagt, und zwar in Mühlhausen an der Enz, einem kleinen Flüsschen westlich von Ludwigsburg.

Diese unterschiedliche Herkunft schlug sich in einer stark differierenden Temperamentslage meiner Eltern nieder, denn die Unterländer-Schwaben sind ungemein flink (vor allem auch mit dem Mundwerk!), immer geschäftig und meist recht erfolgreich in den überwiegend bäuerlichen und handwerklichen Berufen. Sie lachen und singen gern und sind von einem fast pingeligen Ordnungswahn besessen – ein Sonntag ohne vorheriges sorgfältiges Hofkehren ist z.B. schlicht undenkbar.

Die Alemannen gelten als bedächtig und sprachfaul, sie wirken im Vergleich zu den Unterländerschwaben schwerfälliger und bieder. Ihre scheinbare Langsamkeit mag aber letztlich nicht weniger erfolgreich sein, denn was sie anpacken ist eben auch durchdacht.

Meine Eltern waren Musterexemplare dieser beiden Temperamentsarten. So seufzte sie oft: *„Du mit deiner Ruhe bringst mich schier zur Verzweiflung“*, wogegen er ihre Flinkheit oft schon als Hexerei betrachtete.

Gerne verdeutlichte meine Mutter diesen Sachverhalt, der ihr natürlich die in ihren Augen deutlich bessere Position einbrachte, mit einem typischen Beispiel:

*„Ein Wengerter fährt am frühen Morgen im Unterland mit seinem Mistgespann singend und frohgelaunt aufs Feld. Da trifft er einen Kollegen, der aus gleichem Anlass unterwegs ist und ruft ihm zu: Guate Morge, so, tuast au scho Mist führe? Der antwortet ihm: Ha freili, was denkschen du? Morgenstund hat Gold im Mund und Mist imKarre!*
*Wenn die gleiche Szene aber im Oberland spielt, reduziert sich die Unterhaltung auf ein müdes: So, au?“*

Umgekehrt zog sie mein Vater immer auf, wenn sie nach dem sonntäglichen Kirchgang schon zu kochen begann und immer noch ihren schwarzen „Kompott-Hut“ aufhatte, den sie nur für die Kirche aufzusetzen pflegte.
Geboren sind Beide im Jahr 1892. Dabei hatte er ausnahmsweise die Nase vorn, fast ein halbes Jahr war er ihr voraus. Seine Geburt am 1. März muss sich ziemlich kurz nach Mitternacht vollzogen haben, denn er erzählte oft, dass er nur alle vier Jahre Geburtstag gehabt hätte, wenn er eine halbe Stunde früher auf die Welt gekommen wäre, denn der Tag davor war ein Schalttag.
Ihre Geburt fiel auf den 23. August, ein Tag, der bei den Astrologen mal dem Sternzeichen Löwe, mal der Jungfrau zugeschrieben wird. Obwohl meine Mutter sonst nichts mit Astrologie am Hut hatte, bestand sie aber eisern darauf, ein Löwe zu sein. Und wenn diesem Sternzeichen besondere Tatkraft als dominierendes Merkmal zu eigen ist, dann war sie zweifellos ein „Voll-Löwe“ und nicht ein „Schwanz-Löwe“, womit mein Vater sie gelegentlich neckte.
Mehrfach findet sich bei meinem Vater der Hinweis, dass ihrer beider Aufstieg jeweils aus kleinbürgerlichen Verhältnissen erfolgt ist. Bei einer eher summarischen Betrachtung mag das so dahinge-

hen. Aus meiner Sicht als Bub von vier oder fünf Jahren sah das völlig anders aus, denn größer hätte der Unterschied gar nicht sein können: in einem Fall ein nahezu perfektes Paradies, im anderen ein bedrückendes Konglomerat aus Armut, Krankheit und Freudlosigkeit.

Schon vor meiner Einschulung war ich im Sommer oft wochenlang mit meiner Mutter in ihrem Elternhaus in Sontheim. Obwohl es mir damals im Auto regelmäßig schlecht wurde und die Eltern häufige „Spuckpausen" einlegen mussten, war das Wort „Sohnde" (schwäbisch: Sontheim) für mich ein Zauberwort; es bedeutete für mich Abenteuer in der vielfältigsten Form, weit über das in München sonst Mögliche. Zuvor aber musste in der Regel in Stuttgart bei der Familie meines Vaters Halt gemacht werden, was mir gar nicht behagte. Es gab da eben kein Elternhaus, die Großmutter war lange vor meiner Geburt gestorben, der Großvater, ein alter Mann, bei dem die meisten Zähne ausgefallen waren, wohnte in einer ärmlichen Stadtwohnung ohne Garten und ohne jede Anziehungskraft für einen kleinen Jungen. Die ganze Atmosphäre erschien mir blutleer und eher abstoßend. Der zum Glück meist nur kurze Aufenthalt war für mich nur in dem Bewusstsein erträglich, dass es bald weitergehen werde nach Sontheim, wo mich das pralle Leben erwartete.

Wenn ich mir heute diese Gegensätzlichkeit in der Herkunft meiner Eltern ins Bewusstsein rufe, scheint es mir, als hinge meine mangelhafte Beziehung in meiner Kindheit zu meinem Vater nicht nur mit seiner sechsjährigen Abwesenheit während des Krieges zusammen, sondern auch in dem Fehlen eines wahrnehmbaren Elternhauses, anders ausgedrückt: es fehlte ihm etwas Entscheidendes, denn es gab da keine Wurzeln. Obwohl ich es mir oftmals vorgenommen habe, die von ihm so liebevoll beschriebene Heimat seiner Großeltern, bei denen er als Kind fast immer die Schulferien verbrachte, zu besuchen, tat ich das letztlich bis heute nie. Er begegnete meiner Absicht auch schnell mit dem Hinweis, dass sich inzwischen alles verändert habe und ein Besuch dort nur zu Enttäuschung führen würde. Auch er selbst ist meines Wissens in den späteren Jahren nicht mehr dort hingegangen.

Trotzdem werde ich später noch auf seine Kindheitserinnerungen in der Heimat seiner Großeltern eingehen, da sie das einfache bäuerliche Leben in viel markanteren, herberen Konturen wiedergeben als das bei der Familie meiner Mutter der Fall ist, die man schon dem gehobenen Bürgertum zurechnen kann.

## 4. Sontheim am Neckar

Der Name Sontheim leitet sich von Südheim ab, also südlich der alten Reichsstadt Heilbronn, in die es erst 1938 eingemeindet wurde. Mein Großvater kommentierte dies meist grantig mit: „die wollen doch nur unser Geld," denn Sontheim war über mehr als ein halbes Jahrtausend eigenständig im Herrschaftsbereich des Deutschen Ritterordens, dessen Amtshaus „auf dem Bau" lag, neben dem Gefängnisturm und der alles überragenden Martinuskirche. Genau gegenüber, aber eben ca. 30 Meter tiefer, liegt an der Hauptstraße das Elternhaus meiner Mutter. Seit Generationen war es der Sitz der Küferei und Mosterei Hehn, was auch in großen Lettern an der Hausfront zu lesen war. Das war recht bescheiden formuliert, denn eigentlich ging es mehr um Weinan- und ausbau, auch in recht großen eigenen Weinbergen, sowie um Weinhandel. Auch eine kleine Brennerei gehörte dazu, in der aus Obst- und Weintrester Hochprozentiges legal und zu Zeiten auch illegal erzeugt wurde. Zu dem großen Innenhof des Anwesens führte eine breite und hohe Einfahrt, die gut mit Pferdegespannen befahren werden konnte und des Nachts durch zwei imposante hölzerne Flügeltüren verschlossen wurde.

Weitere Attraktionen im Anwesen der Großeltern waren für mich Stadtjungen der Pferdestall sowie der Garten, zu dem man freilich etwa 5 Minuten zu gehen hatte, mit Obstbäumen und Hühnerhaltung. Täglich durfte ich die oft noch legewarmen Eier einsammeln und in einem kleinen Körbchen vorsichtig nach Hause tragen. Das Wort „BIO" gab es damals noch nicht, aber die selbst gesammelten Eier der Großmutter waren ganz sicher die gesündesten und besten meines Lebens.

Später in den Kriegsjahren hatten wir in Solln selber einen Hühnerstall und so fand das gleiche Ritual auch dort statt, aber die Eier waren lange nicht so gut, sie schmeckten irgendwie nach Arbeit, gar nach schmutziger Arbeit wie Stallreinigen oder Futter zusammenmengen; ja, manchmal waren sie überhaupt nicht zu essen, wenn man die vorher an die Hühner verfütterten Maikäfer noch allzu deutlich durchschmeckte.

Eine andere Lieblingsbeschäftigung, die mich in Sontheim stundenlang in den Bann zog, war es, auf „dem Boden" zu sitzen. Mit Boden ist im Schwäbischen der Dachboden gemeint, entspricht also in etwa unserem Speicher. In Sontheim bestand der Boden aus einer offenen Bretterdecke, die den darunter befindlichen Innenhof der Küferei halb überdeckte. Dort konnte man herrlich das bunte Leben und Treiben von oben betrachten, war ungesehen und doch mitten drin im Geschehen.

Im Mittelpunkt des Hofes stand ein mit Wasser gefüllter Riesenbottich, in den die Obstbauern die angekarrten Säcke mit Äpfeln oder Birnen schütteten. Ein elektrisch betriebenes Transportband beförderte die gewaschenen Äpfel zu einem Trichter, der ganz in meiner Nähe war und in dem sie verschwanden, um zermahlen zu werden; wenn ich wollte, brauchte ich nur die Hand auszustrecken, um mir einen besonders schönen Apfel zu schnappen. Über ein großes Messingrohr floss dann vorne an der Presse der köstlichste naturtrübe Apfelsaft heraus, den ich je getrunken habe.
Ich will aber nicht verschweigen, dass mein Paradies auch ein paar Schwachstellen hatte: die unter dem Dach meist brütende Wärme zusammen mit der Nektarsüße des Apfel- oder Traubensafts machte mächtig müde, die zahlreichen Wespen waren auch nicht gerade meine Freunde und schließlich war meine Verdauung von dem vielen Obst- und Saftgenuss eindeutig überfordert.

Schlimmer war letzteres allerdings im Herbst zur Zeit der Traubenernte, wenn ich als Sozius meines Vetters Ludwig auf seiner nagelneuen „Puch“ in den Weinbergen unterwegs war und eine gehörige Traubenkur einfach nicht zu umgehen war, die sich auf den Magen eher „abträglich“ auswirkte.

Absolut unschlagbar sind meine frühen Eindrücke von zwei Köstlichkeiten der großelterlichen Küche bis heute geblieben: die selbstgemachte grobe Leberwurst und das ebenfalls aus eigener Produktion stammende Bauern-Schwarzbrot. Ich sehe meine Großmutter noch vor mir, wie sie mit dem langen Brotmesser, bevor sie die erste Scheibe abschnitt, immer ein Kreuz in den Laib ritzte.

Nicht zuletzt sind meine eigenen Erinnerungen an Sontheim wohl auch deshalb so positiv und verklärt, weil ich als der jüngste von etwa einem Dutzend Enkeln dort kräftig verwöhnt wurde. Meine Mutter ist zwar als erstes der sechs Kinder geboren, hatte mich aber erst mit 42 Jahren als „Nesthäkchen“ zur Welt gebracht; so waren meine Vettern und Basen durchweg ein paar Jahre älter als ich, der ich meine Prinzenrolle sehr genossen habe. *„Geistig“*, so schrieb meine Mutter in ihr Tagebuch, *„ist der Bub seinen älteren Vettern weit überlegen; nur klein ist er, aber kräftig.“*

Daraus spricht m.E. in erster Linie ihr Mutterstolz. Was sie vielleicht gar nicht so recht wahrnahm: vor allem meine Vettern, die beiden Söhne von Onkel Anton und Tante Agnes, die mit den Großeltern im Elternhaus wohnten, trieben auch so manchen üblen Scherz mit mir. So setzten sie mich, ich war erst sechs oder sieben Jahre alt, auf das „Quickle“ . Das war ein Kleinmotorrad aus der nahe gelegenen Firma NSU (Neckarsulm) mit der offiziellen Bezeichnung Quick. Das „le“ dahinter ist im Schwäbischen so gut wie unverzichtbar, aber die Verkleinerungsform machte die Sache für mich nicht weniger dramatisch. Die Vettern hatten mir nur gesagt, wo ich drehen muss, damit es losgeht, dann kräftig angeschoben und gleichzeitig losgelassen. Das Quickle war noch nicht mit einem Anlasser ausgestattet, zum Starten musste man einfach kräftig antreten. Oder eben angeschoben werden. Plötzlich schnurrte das Ding jedenfalls los, zum Absteigen war es zu spät, und so konnte ich mich nur noch festhalten. Mit mehr Glück als Verstand kam ich irgendwie um die Ecken des Gevierts und so wieder zum Ausgangspunkt, wo mich die Vettern auffangen mussten – denn wie die Bremsen funktionierten, das hatten sie mir vorher nicht verraten.

Nun habe ich meinen Erinnerungen aus den Kindertagen in Sontheim etwas breiteren Raum gegeben, als ihnen im Rahmen der Schilderung des Lebens meiner Eltern eigentlich zukommt. Um so mehr möchte ich aber nun noch einige allgemeine Anmerkungen zur Heimat meiner Mutter folgen lassen, die das Ziel haben, den gewaltigen Umbruch in Wirtschaft und Gesellschaft am Beispiel dieses idyllischen Orts im „Musterländle“ aufzuzeigen.

Die Fruchtbarkeit des Neckartals, die sonnige Lage an den Hängen der Löwensteiner Berge, die den Anbau von Weiß- und Schwarzriesling, von Sylvaner und Trollinger erlauben, haben im Lauf der Zeit zu einem beträchtlichen Wohlstand der Bauern und Weingärtner geführt. Industrie und Eisenbahn haben sozusagen einen Bogen um das „deutschherrliche“ Dorf gemacht. Zur Zeit der Geburt meiner Mutter war es noch fast ganz katholisch. Um so rascher vollzog sich der Umbruch. Mit den ersten größeren Firmen, Ackermann und Wolko, brach das Industriezeitalter herein und die bürgerlichen Strukturen bekamen Konkurrenz von einer rasch wachsenden Arbeiterschaft.

Im Hause Hehn wurde Bürgerstolz nach wie vor hochgehalten. Meine Großmutter antwortete ihrer Tochter Johanna, meiner Mutter, als diese sich ebenso schöne rote Schuhe wünscht wie das

Arbeiterkind Mariele: *„Und wenn die Mariele noch so scheene Schuh anhat, ist sie halt doch bloß die Kerns Mariele – du aber bisch`s Hehne Johanna, auch ohne die rote Schuh!"* Und des Großvater Ludwig´s Stolz äußerte sich unter anderem: *„Wenn's irgendwo Freibier gibt, wirscht den Lui dort nit finde"*.

Bald tat sich ein Graben auf: die Arbeiter gründeten einen Radfahrerverein, in dem sich kein Bürger sehen ließ; die gingen dafür in den Turnverein. Der Fußballverein versammelte die Arbeiter, die Bürger spielten weiter Handball.

Mit der zunehmenden Zahl der Arbeiterschaft wuchs der Anteil der Protestanten auf knapp 40 % schon im Jahr 1910; zur Jahrhundertwende entstand die evangelische Mathäus-Kirche, fast so groß wie die katholische, und eine evangelische Schule sowie wenig später eine Judenschule und eine Synagoge.

Juden machten vor dem ersten Weltkrieg knapp 5 % der Einwohner aus; in dem Elternhaus meiner Mutter gingen sie ein und aus. Wenn sie allzu aufdringlich ihre Geschäfte machen wollten, warf sie der Großvater zur Tür hinaus, aber sie kamen zur Hintertür wieder herein, so beschrieb es meine Mutter.

Trotzdem schwang in ihren Geschichten über das Verhältnis zu den Juden schon etwas Anrüchiges mit, was ich als Bub mit leichtem Schauer spüren konnte. So hat sie mir vor dem Schlafengehen dann und wann das „jüdische Vaterunser" zu geflüstert, so als ob es etwas ganz und gar Gotteslästerliches sei. Soweit ich mich erinnern kann, war das Ganze aber barer Unsinn; den Schluss weiß ich noch, er lautet:

*wit-wit-wit ist David*
*David ist Gologo*
*Gologo ist Mundo*
*Mundo ist Ede*
*Hab ich scheen gebete.*

Das einzige, was mich daran auch noch heute stört, ist, dass der letzte Reim grammatikalisch nicht korrekt endet.

Der Großvater war ein geachteter Mann, er war im Kirchenvorstand und viele Jahre Kommandant der freiwilligen Feuerwehr. Dieses Amt lag seit Generationen sozusagen als Erbpacht in der Familie Hehn, vielleicht auch, weil man ja nur ein paar Stufen zur Feuerwache auf dem Bau hinaufzustürmen brauchte, um rasch eingreifen zu können.
Meine Mutter erzählte auffällig oft Geschichten aus dem Feuerwehrumfeld. Das liegt sicher daran, dass es dabei immer hochdramatisch herging, aber auch daran, dass bei fast jedem Gewitter der Blitz in eines der alten Holzhäuser einschlug, da es ja noch keinen Schutz durch Blitzableiter gab; und dann sprang „der rote Hahn" schnell von Dach zu Dach.

Nachdem im Herbst 1941 die silberne Hochzeit meiner Eltern in dem denkwürdigen „dreifachen Fest" zusammen mit der goldenen Hochzeit der Eltern meiner Mutter und der Verlobung meiner Schwester Anneliese noch mit Glanz und Gloria in Sontheim gefeiert worden war, feierten meine Eltern 15 Jahre später ihre Goldene Hochzeit in ihrem Haus in Großhesselohe mit allen noch lebenden Geschwistern und deren Ehepartnern, mit einer daran anschließenden privaten Bus-Reise über Altötting und Passau nach Wien und zurück über Salzburg mit dem Besuch einer Jedermann-Aufführung. Hierzu schreibt meine Mutter:
*„Wir waren alle von dem Spiel – für uns war es kein Spiel, wir empfanden es als Wirklichkeit – tief beeindruckt und ergriffen. Die stimmungsvolle Heimfahrt von Salzburg erweckte in uns das Bedürfnis, unseren Gefühlen Ausdruck zu geben. So sangen wir dankbar bewegten Herzens die Lieder „Danket dem Herrn, denn er ist gut" und „Großer Gott, wir loben Dich".*

Es war wohl das letzte Mal, dass sie so fröhlich miteinander gesungen haben.

Leider endete das Leben von Großvater Hehn sehr tragisch. Im Spaß hatte er manchmal gesagt, wenn er einmal gestorben sei, so solle man ein Fenster hinten im Sarg anbringen, denn er wolle doch sehen, wer an seiner Beerdigung teilnehme. Und dann müsse jemand in Frack und Zylinder hinter dem Sarg hergehen und seine Ehrenzeichen auf einem roten Samtkissen mittragen.
Die Wirklichkeit war demgegenüber von erbarmungsloser Grausamkeit: er starb im April 1945 während der Artilleriekämpfe um Heilbronn im Luftschutzkeller, vermutlich an Altersschwäche. Im Morgengrauen hat ein russischer Kriegsgefangener, der in der Küferei mitarbeiten musste, ihn mit einem strohgedeckten Pritschenwagen zum Friedhof gekarrt, wo er im Familiengrab neben der Großmutter ohne jede Anteilnahme seiner Mitbürger beigesetzt wurde.

Bevor ich Sontheim verlasse, will ich die Geschichte des Elternhauses meiner Mutter kurz zu Ende führen.

Das Haus wurde von den Erben erst umgebaut, dann verkauft; ebenso die eigenen Weinberge. Meine Vettern, die beide inzwischen gestorben sind, sind nicht glücklich geworden; sie konnten den Beruf nur noch im Nebenerwerb fortführen und mussten selbst in die Fabrik zur Arbeit gehen., was einen schmerzhaften Abstieg aus dem Bürgertum in die einst verachtete Klasse der Arbeiterschaft bedeutete. Die Zwistigkeiten und Erbauseinandersetzungen nahmen geradezu Buddenbrook'sche Dimensionen an. Davon nur ein kleines Schlaglicht als Beispiel:
Aus mir nicht bekannten Gründen setzte sich der jüngere Vetter Helmut zur Fremden-Legion ab. Eines Tages kam der ältere Bru-

der Ludwig nach München zu meinen Eltern mit der Bitte, ihm bei der Beschaffung eines gefälschten Passes auf dem schwarzen Markt behilflich zu sein. So kam es, dass ich im zarten Alter von etwa 16 Jahren ihn in eine amerikanische Bar im Dirnenmilieu des Bahnhofsviertels begleitete, wo er tatsächlich gegen viele Scheine – ich habe sie nicht zählen können – das Gewünschte bekam.
Als er mit dem Schiff in Algerien ankam, wurde er sofort verhaftet und eingesperrt; seine Mission war restlos daneben gegangen. Doch der jüngere Bruder dankte es ihm, nachdem er schließlich freigekommen war, recht wenig. Ludwig starb, von der eigenen Familie wie auch von den nächsten Verwandten verstoßen, unter unwürdigsten Umständen einsam und verlassen.

Ich erinnere mich noch an ein Familienfest der Hehns in meiner Kindheit. Mein Onkel Anton war damals das Familien-Oberhaupt. In einer Rede hat er in eindrucksvoller Form an Hand eines Beispiels demonstriert, was Familiensinn bewirkt. Dazu hatte er eine Anzahl dünner Holzstäbchen in der Hand, die sich auch mit großer Kraft nicht gleichzeitig brechen ließen; einzeln aber zerbrachen sie schon bei geringster Kraftanwendung. Unter Tränen beschwor er seine Familie, sich immer bewusst zu sein, dass sie nur dann etwas erreichen könne, wenn sie gemeinsam an einem Strick ziehe. Doch damit konnte er das sich damals schon abzeichnende Auseinanderbrechen der Familie nicht verhindern.

# 5. Die Herkunft meines Vaters

Wie ich schon sagte, konnte mein Vater den Stammbaum der Fischer in der väterlichen Linie bis zum Ende des 30jährigen Kriegs zurück verfolgen.
Da diese immer in Mühlhausen an der Enz ansässig waren, dürfte ihm dies auch nicht besonders schwer gefallen sein, er brauchte sich nur in der Pfarrei des Orts die entsprechenden Auszüge aus dem Taufregister geben zu lassen, die dort vollzählig vorhanden waren. Daraus ist zu entnehmen, dass die Fischgerechtigkeit immer bei der Familie Fischer lag, und dass damit der Titel „Gerichtsverwandter" verbunden war.
Es scheint, dass das Leben dort von Generation zu Generation in gleichförmiger Trägheit und Beschaulichkeit, wenn auch wohl in äußerster Kargheit dahingeflossen ist, zumindest ist mir nichts Gegenteiliges bekannt.

Ganz anders war das bei der mütterlichen Linie meines Vaters. Farbigkeit brachte seine Mutter Marie, eine geborene Walther, ins Spiel. Die Ereignisse, die den Ausdruck farbig rechtfertigen und die ich hier nur ganz kurz wiedergeben möchte, lagen da aber schon mehrere Generationen zurück.
Ihr Urgroßvater war es, der wohl relativ kurz vor seinem Tod einen Bericht verfasst hat, in dem er das Leben seines Vaters, Carl Franz Friedrich Theobald von Walther, zunächst im Glanz des Hofs und in der besonderen Gunst des regierenden Herzog Carl von Württemberg schildert. Obwohl der Herzog sein Taufpate war, entzog er ihm später aufgrund von Verleumdungen und Intrigen seine Gnade, während dieser im Feld seinen Dienst als Hauptmann versah. Wegen eines damals streng verbotenen Duells, in dem er den Verleumder stellen wollte, kam er ins Gefängnis und verlor alle Rechte einschließlich seines Adelstitels. Er, wie auch

später sein Sohn, konnte sich trotz vieler Petitionen nicht mehr aus dieser prekären Situation befreien. Auch die Versuche bei fremden Heeren/Herren wieder zu Dienst und Brot zukommen, scheiterten auf tragische Weise.
Ich füge diesen Lebensbericht für die an dieser Zeit interessierten Leser meinen Aufzeichnungen bei. Er schildert die Verhältnisse am Hof mit Günstlings- und Intrigenwirtschaft so eingehend, dass man unwillkürlich an Schillers Kabale und Liebe erinnert wird. Es ist in der Tat auch sehr wahrscheinlich, dass Schiller bei seiner Konzeption dieses „Bürgerlichen Trauerspiels“ im Jahr 1784 mindestens den Namen, vielleicht sogar die Geschichte unseres Vorfahren in der Hauptperson, dem Major Ferdinand von Walther, verarbeitet hat. Die Mutter seines Sohnes Carl Franz Friedrich Theobald von Walther hieß übrigens ebenso „Sophie“ wie Schiller auch seine weibliche Hauptperson genannt hat.

Wie dem auch sei, mein Großvater heiratete diese Urenkelin Marie, die aber vermutlich von der Geschichte ihrer Ahnen nicht viel wußte, zwei Jahrhunderte später im Jahr 1891. Sie brachte bereits ein Kind in die Ehe mit, den immer etwas kränklichen Halbbruder meines Vaters Paul, der gleich nach der Heirat auch vom Großvater adoptiert wurde. Der Vater von Paul war nach USA ausgewandert und galt seither als verschollen, ein damals nicht eben seltenes Schicksal. Die Hochzeit fand in Ludwigsburg statt, wo mein Großvater zu der Zeit als Vizewachtmeister im Feldartillerie-Regiment 29 Dienst tat. Er war, wie auch alle seine Geschwister von Mühlhausen, in die nahe Stadt umgesiedelt, da ein Fortkommen auf dem Dorf aussichtslos erschien.
Dahinter steht die nicht nur in dieser Zeit häufig anzutreffende Tatsache, dass bei dem üblichen Kinderreichtum in bäuerlichen Familien nur eines, meistens der erste Sohn, mit dem bescheidenen elterlichen Besitz ein zum Überleben einigermaßen ausreichendes Auskommen hatte; die anderen mussten sich nach etwas anderem

umsehen. Und da die Kinder oft auch keine Ausbildung mitbekommen hatten, versuchte man sein Glück in der Stadt, und zwar in erster Linie beim Militär oder auch am Hof. Mein Großvater ist ein gutes Beispiel dafür, denn zunächst diente er von 1883 bis 1898, zuletzt als Unteroffizier, beim Militär und trat anschließend als Leibgardist in den Dienst des württembergischen Königs.

Und diesem König stand mein Vater, kaum dass er geboren war, auch schon im Weg, zwar *„nicht in revolutionärer Gesinnung sondern als schnöde von seinen Eltern im Stich gelassenes Baby"*, wie er selbst diesen kuriosen Vorfall beschrieben hat:
*„Das kam nach einem Bericht der Eltern so: das Regiment meines Vaters war im Frühsommer 1892 einige Wochen zu Schießübungen in Münsingen. Ihn trieb die Sehnsucht zur jungen Frau und wohl auch zum Stammhalter Hermann. Urlaub wurde über das Wochenende nicht gegeben, also fuhr er „ohne" nach Ludwigsburg. Sonntag Nachmittag machten die Eltern mit mir im Kinderwagen einen Spaziergang zum Schloss Monrepos. Auf dem Sträßchen vom Park zum Schloss entdeckte Vater plötzlich die entgegenkommende königliche Kutsche, worin König Wilhelm II von Württemberg sitzen musste, was er an dem reichen Federhut des Begleiters sehen konnte. Im Bewusstsein seiner Urlausübertretung, von welcher der König allerdings nichts wissen konnte, denn stets verblieben eine Anzahl Soldaten in der Garnison, stürzte sich Vater seitwärts ins Gebüsch und ließ seine Marie mit Sprössling und Wagen nach kurzem Hinweis auf den nahenden König stehen. Diese überstürzte Flucht ist besser zu verstehen, wenn man weiß, dass bis zum Jahr 1909 der Soldat vor jedem ihm begegnenden Offizier Front machen musste, d.h. er musste auf Landstraßen an den Rand der Straße, in Städten vom Bürgersteig auf die Straße treten und mit Front und Blick zum Vorgesetzten stramm stehen, bis dieser 6 Meter entfernt war. Vater fürchtete wohl bei diesem Stillstehen in dem schmalen Sträßchen in unmittelbarer Nähe des Königs unbe-*

*queme Fragen und zog das rasche Verschwinden vor. Und was tat sein braves Eheweib? In ihrem Schreck wirkte die Flucht ansteckend, sie konnte gar nicht anders, als ihrem Fritz zu folgen; den Kinderwagen mit mir ließ sie mitten auf dem Sträßchen stehen.*
*Das königliche Gefährt kam inzwischen heran und musste vor dem ungewöhnlichen Hindernis halten. Der Leibjäger schob Wagen mit Kind zur Seite und der König konnte wieder weiterfahren – was er sich wohl gedacht haben mag?"*

Doch diese Episode ereignete sich schon weit vom Herkunftsort der Fischer entfernt. Dieser, eben Mühlhausen an der Enz, spielt in den Erinnerungen meines Vaters nur noch als der Ort eine Rolle, wo er während seiner Schulzeit mehr oder minder regelmäßig die Ferien verbrachte, freilich eine herausragende Rolle.

Nach Mühlhausen fuhr man natürlich mit dem Zug, was damals für meinen Vater und seine Brüder Emil und Paul an sich schon ungeheuer aufregend war, denn die sonstigen Ausflüge an den Wochenenden, wenn sie überhaupt stattfanden, wurden meist „auf Schusters Rappen" unternommen.
Ja das Wort „Wochenende" bedarf schon einer Korrektur, denn der Samstag war ja in vollem Umfang Arbeitstag, und vom Sonntag ging noch die Zeit für den mehr oder weniger obligatorischen Kirchgang weg, da blieb ohnehin nicht mehr viel Zeit für größere Unternehmungen. Eine Fahrt mit der Eisenbahn hatte also schon den Charakter einer Sensation, auch wenn die Fahrstrecke bis Illingen nur knapp 50 Kilometer betrug, wozu die Bahn etwa zwei Stunden unterwegs war.
Der Stuttgarter Bahnhof, ein Sackbahnhof, befand sich noch in der Schlossstrasse und hatte in zwei von Säulen getragenen Hallen jeweils 4 Gleise und eine Drehscheibe, um die Lokomotiven wieder in Fahrtrichtung zu bringen. Die elterlichen Ermahnungen, sich bei den Großeltern manierlich zu benehmen, waren da schnell ver-

gessen, hatten sie doch genug damit zu tun, dass ihnen ja nichts entginge.

Ich widerstehe nur schwer der Verlockung, Vaters eingehende und liebevolle Schilderung seiner Ferienerlebnisse als ganzes wiederzugeben, greife aber doch einige heraus, die mir für die Charakterisierung der Lebensverhältnisse zur damaligen Zeit besonders aufschlussreich erscheinen.

In Illingen angekommen wurden die Buben vom Großvater vom Bahnhof abgeholt und sie hatten zunächst einen Fußmarsch von einer Stunde bis nach Mühlhausen vor sich. Das Gepäck wird nicht allzu schwer gewesen sein, denn in ihrem Koffer – Rucksäcke hatte man damals offenbar nur in besseren Familien - befanden sich neben einiger Wäsche nur ein paar Mitbringsel, so eine Anzahl Schwarzwürste und einige Stangen Backsteinkäse; trotzdem schnitt sich der Großvater einen Stock, an den er den Koffer hängte und legte sich diesen selbst über die Schulter.
Und dann gehörte natürlich auch noch eine zünftige Einkehr im „Rössle" zu dem Marsch, bei dem der Großvater ein „Viertele Roten" für sich und für die Buben je eine Laugenbrezel und für alle drei zusammen eine Limo bestellte.
Die Großeltern betrieben eine kleine Landwirtschaft, von der Fischerei hatte sich der Großvater weitgehend verabschiedet; er beschäftigte sich um so mehr mit *„dem Flicken anderer Leute Säcke"* wie die Großmutter ihm das immer wieder vorhielt, *„ und willst nicht sehen, wie lumpig deine eigenen sind"*. Recht gerne trank er auch tagsüber sein „Viertele" in einer der kleinen Wirtschaften, von denen das 200 Seelendorf immerhin fünf Stück aufweisen konnte.
*„Als recht seltsam empfanden wir es"*, so schreibt mein Vater, *„dass die Großeltern von ihren Kindern mit „Ihr" und „Euch" angeredet werden"*, also in der dritten Person, und das auch von

ihrem eigenen Vater, während die Buben sich darüber hinwegsetzten und die Großeltern duzten.
Waren die Verhältnisse zuhause in Stuttgart schon bescheiden, so waren sie  bei den Großeltern geradezu kümmerlich. Gute Kartoffeln und gutes im Gemeindeofen selbstgebackenes Brot, Gemüse und Salat aus dem Garten, aber kaum Fleisch, am Sonntag ein Stückchen Schweinebraten, keine Butter, keinen Wein, dafür Apfelmost aus eigener Herstellung, so berichtet mein Vater. Sie seien aber doch ganz zufrieden gewesen, das wichtigste sei für sie gewesen, dass sie ihre Freiheit in vollen Zügen genießen konnten.
Ganz besonders stellt er die Rolle der von ihm sehr geliebten Großmutter heraus, die *„an den schweren Lasten geduldig und ohne Jammern trug. Ich weiß heute, dass sie die Kraft für ihre vorbildliche Haltung aus ihrer tiefen Religiosität schöpfte. Sie war wirklich eine fromme Christin ohne Bigotterie oder Intoleranz. Sie traf sich regelmäßig am Sonntag Nachmittag mit einigen gleichaltrigen Frauen zur Bibellesung und Betstunde. Selbstverständlich gab es das Gebet vor dem Mittag- und Abendessen, und nach diesem noch eine Lesung mit Gebet aus ihren Andachtsbüchern."*

Hauptbeschäftigung für die Buben war neben dem Fischen, das sie mit den bloßen Händen betrieben, da natürlich keiner eine richtige Angel hatte, das Spiel am und mit dem Wasser, und des öfteren bekamen sie ernstliche Schwierigkeiten, weil sie wieder einmal das Wasser der verschiedenen Kanäle der Enz umgeleitet hatten und die davon angetriebenen Mühlen stehen blieben.

Vier Jahre haben sie ihre Ferien bei den Großeltern verbracht, dann starb die Großmutter im 52sten Lebensjahr beim Melken an einem Gehirnschlag.
Der Großvater fand daraufhin bei der Familie seines Sohnes in Ludwigsburg Unterschlupf und lebte mit ihr zusammen bis zu seinem Tod an Silvester 1920. Die Buben verbrachten noch zwei Mal

bei Verwandten in Mühlhausen ihre Ferien, dann war ihr Paradies für immer verschlossen.

Viele Jahre später war mein Vater noch einmal kurz in seinem geliebten Mühlhausen, kehrte ihm aber bald enttäuscht den Rücken, denn durch Straßenbauten und Begradigung des Flusses wurde, wie er traurig festhält, das Idyll unwiederbringlich zerstört.

# 6. Die Residenz

Spielplatz für meinen Vater und für seine Kameraden war dann später vorzugsweise der große Kasernenhof mit den für Zielübungen angelegten Sandkastenburgen, die Hindernisse auf der Reitbahn sowie Ställe und Pferde.
„*Die Liebe zu diesen schönen Geschöpfen hat mich sicher bei der späteren Wahl des Feuerwerkerberufs entscheidend beeinflusst und hat mich Zeit meines Lebens nicht verlassen*“, so das Bekenntnis meines Vaters.

Noch spielt sich sein junges Leben in der Garnisonsstadt Ludwigsburg ab. Dort wurde mein Vater, gerade sechs geworden, im Mai 1898 eingeschult, nachdem er vorher zwei Jahre einen Kindergarten besucht hatte. Aber schon nach vier Wochen wurde er vom Lehrer als noch nicht schulreif wieder heimgeschickt, sehr zum Kummer seiner Eltern, die natürlich glaubten, einen dummen Jungen zu haben. Dieser dagegen war erst einmal glücklich, die ungeliebte Schule wieder mit den Spielplätzen seiner jüngeren Kameraden vertauschen zu können.
Aus seinem Kommentar zu diesem Vorfall spricht eine gute Portion Selbstbewusstsein:
*„Zum Glück zeigte sich später, dass die Besorgnisse meiner Eltern unbegründet waren...Ich darf dankbar feststellen, dass mich der Herrgott mit guten Gaben für mein Leben ausgestattet hat: rasche Auffassung, gutes Gedächtnis, überdurchschnittliches Anpassungs- und Urteilsvermögen sowie die Fähigkeit zum Ausgleich – und vor allem einen stetigen Wissensdurst. Mit diesen Gaben musste ein gutes Fortkommen zu erreichen sein...“*

Mit dem Berufswechsel seines Vaters geht auch der Umzug von Ludwigsburg nach Stuttgart einher. Der Anblick der ersten Stra-

ßenbahn bei der Ankunft in der Hauptstadt ist für den sechsjährigen Jungen bestürzend: ein Gefährt ohne Pferde und auch ohne Dampf, das dann und wann feurige Blitze an den Rädern oder auch am Leitungsdraht von sich schleudert, wirkte auf ihn wie eine Ausgeburt der Hölle.
Wieder wohnt die Familie in Sichtweite einer Kaserne, der Moltke-Kaserne, und die drei Brüder können bei den militärischen Schauspielen im Kasernenhof zuschauen.
Vermutlich hat ihm zunächst die neue Uniform seines Vaters als königlicher Leibgardist imponiert. Wie er schreibt, bestand die Garde aus ca. 30 altgedienten, gutaussehenden Unteroffizieren. Das Gardemaß betrug 1,75 Meter, ein schwarzer Schnurrbart a´ la Kaiser Wilhelm II war obligatorisch. Die Uniform bestand aus einem blauen, zweireihigen Rock, Helm oder Mütze, je nach Anlass, und Degen. Bei Empfängen oder Hoffesten trug die Garde eine historische Württembergische Parade-Uniform in Schwarz mit reichem Ausputz in weiß, Dreispitz, dazu Seitengewehr und zünderlose Gewehre aus der Zeit des Krieges 70/71. Bei solchen besonderen Anlässen hat der Großvater nach Angaben seines Sohnes seinen Bart lange mit Bartbinde und einem Fixiermittel dressiert.
Diese Parade-Uniform mussten die Buben für solche Anlässe vom Zeughaus ins Schloss bringen und konnten sich bei dieser Gelegenheit dort auch ein wenig umsehen, wobei sie sich besonders für die Wasserspülung in den Toiletten interessierten, die sie sonst wohl noch nirgends zu sehen bekommen hatten.

Die Kinderhorde hatte in der noch wenig bebauten und sehr verkehrsarmen Gegend fast alle Freiheiten. Falls einmal ein Auto auftauchte, wurde es wie ein Wunder bestaunt. Selbst Pferdefuhrwerke seien selten gewesen, schreibt mein Vater, vielmehr dominierten Handwagen, mit denen die Gärtner ihre Produkte auf den Markt brachten.

Ihr liebster Aufenthaltsort war der Kasernenhof, wo sie, auf Kastanienbäumen sitzend, den Soldaten beim Exerzieren zusahen, *„um das Gesehene bei unseren eigenen Soldatenspielen möglichst getreu nachzuahmen“*. Dies taten sie im nahe gelegenen Krähenwald nach dem aus Lederstrumpf und Karl May bekannten Muster „Fort im amerikanischen Westen mit Kämpfen gegen die Indianer“.
Wenn man meinen Vater so erzählen hörte bzw. seine Erinnerungen liest, fällt auf, wie sehr seine Kindheit und Jugend von Anfang an von militärischem Geschehen dominiert wurde. Auch wenn es glücklicherweise kein Krieg war, besser gesagt: noch kein Krieg war, „Krieg-Spielen“ war es allemal.

Man muss sich vergegenwärtigen, welche Rolle das Militär in Deutschland damals spielte. Seit dem deutsch-französischen Krieg, der ja 1871 mit der Krönung des deutschen Kaisers, Wilhelm I, noch dazu im Spiegelsaal von Versailles endete, war über das erstmals vereinigte Deutschland eine regelrechte Euphorie hereingebrochen, die alles Soldatische verherrlichte. Man fragte nicht, welchen Beruf jemand hat, sondern wo er gedient hat. Ein Mann galt wenig, wenn er nicht mindestens den Rang eines Reserveoffiziers innehatte. Die Ehrfurcht vor der Uniform erreichte ihren Höhepunkt in der Groteske um den Hauptmann von Köpenick im Jahr 1906, also genau in der Zeit, als mein Großvater seinen Dienst als Gardist bei dem Württembergischen König Wilhelm I in Stuttgart tat. Auch wenn die Welt damals über Deutschland und seinen falschen Hauptmann lachte, die Deutschen fanden weiter die größte Lust am Exerzieren und Paradieren.
So auch mein Vater, der von dem soldatischen Geschehen offenbar magnetisch angezogen wurde.

Des weiteren sollte man sich vergegenwärtigen, dass es ja nicht allzu viele Vergnügungen für das Volk gab. Kinematographen, wie

die Filmprojektoren damals noch hießen, gab es allenfalls als Attraktion auf Volksfesten; die „Glotze“ war noch lange nicht erfunden. Um so mehr gab es eben etwas zu „glotzen“, wenn schneidige Uniformen mit klingendem Spiel durch die Stadt zogen.
Es wird darauf noch zurückzukommen sein. Bleiben wir zunächst bei den noch kindlichen Spielen.

Von den Streichen, die mein Vater erzählt, möchte ich wenigstens zwei nennen, weil sie auch einiges über diese Zeit aussagen
.

Ich nehme an, dass es in Stuttgart damals noch keine Kanalisation gab. Statt dessen fuhren Pferdefuhrwerke durch die Stadt, die die Latrinen leerten. Von den Buben wurden diese Fuhrwerke „Schlauchartillerie“ genannt, also auch schon eine paramilitärische Bezeichnung. Irgendwann mussten diese Artilleristen sich gegen Mittag auch einmal stärken und kehrten oft in einer Wirtschaft ein, die etwas abseits der Straße lag, in der Nähe der Wohnung der Fischer-Familie; das bekanntermaßen stark duftende volle Gefährt ließen sie vor der Wirtschaft stehen. Die Bande wusste ganz genau, was hier zu tun war: einfach den Ablasshahn öffnen, und schon verbreitete sich der ganze Inhalt auf der abschüssigen Straße weit hinunter. Offenbar sind die Übeltäter aber nicht dabei erwischt worden, zumindest nennt mein Vater keine entsprechenden Sanktionen.

In dem Zusammenhang berichtet mein Vater, dass es in den Abtritten, so nannte man die häuslichen Latrinen, noch keine Wasserspülung gab. Und elektrische Türklingeln waren ebenso noch nicht erfunden, so dass man in der Regel an einer Schnur ziehen musste, die dann eine Glocke im Haus betätigte. Und wie funktionierte damals der ja auch aus unserer eigenen Kinderzeit bekannte Läute-Streich? Die Buben bedienten sich eifriger Helfer in Gestalt he-

rumlungernder Hunde, die wie wild an den Knochen hochsprangen, welche jene an die Klingelschnur gebunden hatten.
Übrigens wurde beim „Zahnziehen“ von den Eltern ein ähnliches Verfahren, allerdings ohne Hunde, benutzt, was natürlich den Zahnarzt ersparte. War der dann aber doch einmal in schwierigeren Fällen von Nöten, so ersparte sich dieser wiederum bei den Jungen die Narkose; und das sogar, wie Vater berichtet, bei seiner Mandeloperation!

Da Stuttgart bekanntlich in einem Kessel liegt, standen den Kindern im Winter die engen und zum Teil steilen Weinbergsträßchen zum Schlittenfahren zur Verfügung. Dass dabei auch in der dann praktisch verkehrslosen Zeit etwas schief gehen konnte, zeigt die folgende kleine Geschichte:
*„Oft sind wir auch die schöne Fahrstraße zu dritt auf unseren Davoser Schlitten etwa einen Kilometer weit hinuntergefahren. Nur einmal ging es uns schlecht. In einer Kurve sah ich als Lenker etwas Großes, Dunkles auf mich zukommen. Ich wollte noch den Schlitten zur Seite reißen, aber es war zu spät: wir fuhren in ein mit zwei Pferden bespanntes Holzfuhrwerk. Wie wir hinter ihm wieder herausgekommen sind, konnte nachher keiner sagen. Welch Wunder, alle drei blieben unverletzt, auch dem Schlitten fehlte nichts. Wir waren zu Tode erschrocken und hatten nicht mehr den Mut, die Reststrecke hinunter zu fahren, wir gingen recht betreten zu Fuß. Gewiss hatten unsere Schutzengel uns beschützt.“*

Elektrisches Licht gab es da und dort schon in den Straßen, aber es sei weniger hell gewesen als das Gaslicht; zuhause gab es nur Petroleumlampen. Und geheizt wurde im Winter vor allem mit Holz, Kohle war einfach zu teuer. Bäder oder Duschen waren noch absoluter Luxus, in den einfachen Soldatenhäusern wurden die Kinder einmal in der Woche in einer Zinkwanne in der Waschküche gebadet.

Im Sommer marschierten sie dagegen oft in das Militärschwimmbad im Neckar bei Bad Cannstatt, der Ersparnis wegen zu Fuß, hin und zurück jeweils zwei Stunden Marsch. Der Neckar war damals nach Vaters Angaben noch sehr sauber. Schwimmen hatten die Kinder in der Enz bei den Großeltern gelernt, dagegen konnten die Erwachsenen damals in der Regel nicht schwimmen und das galt im Besonderen für die Soldaten, wenn sie aus ländlichen Gegenden kamen. Die Buben hatten also Gelegenheit sich gehörig vor den Soldaten zu produzieren.

Eine besondere Attraktion muss der Zoo gewesen sein, für den ihre Eltern offenbar jahrelang ein Abbonement gestiftet hatten, *„was bei den angespannten Einkommensverhältnissen für sie sicher ein Opfer war“,* wie mein Vater das ausdrücklich bemerkt. In „Nill's Tiergarten“ fanden die verschiedensten Vorstellungen wie z.B. „Miss Heliots Löwendressuren“, aber auch ganze Völkerschauen aus allen Erdteilen statt, *„wobei man nicht nur die üblichen rituellen oder kriegerischen Tänze zu sehen bekam sondern auch Einblicke in das Leben der gezeigten Völker, ihr Wohnen und ihre Beschäftigung erhielt. Natürlich waren wir Stammgäste, kannten die einzelnen Tiere, ihre Lebensgewohnheiten und ihre Fütterung. Auch eine andere kulturelle Erscheinung lernten wir bald kennen, nämlich den Kinematographen: ich erinnere mich, lebende Bilder zum ersten Mal auf dem Stuttgarter Volksfest 1904 gesehen zu haben. Die Vorstellung fand in einem langen Möbelwagen statt, ohne jede besondere Aufmachung; zum Eintritt benutzte man die für Möbelwagen übliche Verladerampe. Im Hintergrund befand sich die Leinwand. Musik gab es nicht zu den kurzen Vorführungen. Die Bildwiedergabe war in jener Zeit natürlich höchst unbefriedigend, die Handlungen waren sehr kurz und primitiv. Große Fortschritte waren schon im Jahr danach bei den Vorstellungen der „Royal Rio Co.“ im Zirkus am Marienplatz zu bewundern.*

*Außer über Expeditions- oder Reisefilme staunten wir über die Aufnahmen vom russisch-japanischen Krieg mit besonderer Hervorhebung des Seekriegs und mit Geräuschkulisse!"*

Im Zusammenhang mit der Kriegsberichterstattung über den Krieg Englands gegen die Burenrepubliken macht er die Feststellung, dass sie als junge Burschen so gut wie nichts davon verstanden, *„denn für Politik war unser Kaiser da. Im übrigen waren die Deutschen in der Mehrzahl für das Burenvolk und gegen die Engländer. Wir urteilslosen Knirpse begeisterten uns also auch für die tapferen Buren und ihre ersten Siege gegen die Übermacht. (...) Von den in der neueren Geschichte erstmals angewandten Konzentrationslagern auch für Burenfrauen und Kinder mit all ihren Schrecken wussten wir zum Glück so gut wie nichts.*
*Dagegen konnten wir farbige Sammelbildchen kaufen, die das Kriegsgeschehen darstellten, was sicher ein Beitrag zu der einsetzenden Kriegspropaganda vor allem für die Jugend war. Sie lebte damals allgemein in der Vorstellung eines mächtigen Deutschlands, zehrte noch von dem siegreichen Krieg gegen Frankreich und der Einigung der deutschen Stämme zu einem Kaiserreich und sonnte sich in seinem Glanz, der sich besonders in der starken Wehrmacht und Kriegsflotte darstellte. Verstärkt wurde ihr Selbstbewusstsein noch durch die blühende Wirtschaft und die rasche technische Entwicklung. Aber nicht nur auf die Jugend erstreckte sich diese Sinnesart, die älteren Generationen waren ihr ebenso verfallen. Allgemein war man mit dem Lauf der Welt zufrieden, der wachsende Einkommen und gutes Leben zu sichern schien. Die Politik war im wesentlichen Sache der Regierung und des Parlaments und vor allem des Kaisers. Die große Zufriedenheit der meisten Deutschen mit dem in den langen Friedensjahren erreichten Zustand drückte sich in dem später oft zu hörenden Ausspruch aus: „So kann es nicht mehr lang weitergehen, es muss ein Krieg kommen..."*

Aber noch herrschte tiefer Friede, wenngleich immer irgendwo auf der Welt „gezündelt“ wurde; und von der oben erwähnten Zufriedenheit mit den Lebensumständen konnte zumindest für eine Familie mit vier Kindern und einem äußerst kleinen Einkommen auch noch keine Rede sein.

Wie sah die allgemeine Lebensführung um die Jahrhundertwende für sie aus? *„Auf den Tisch kamen während der Woche vorwiegend Kartoffeln und jede Art von Kraut, Fleisch gab es nur am Sonntag; getrunken wurde nur Most, kein Bier oder gar Wein“.*

Verständlich wird diese sparsame Haushaltsführung, wenn man hört, dass sein Vater nur einen Tag in der Woche in der Garde Dienst tat und außerdem noch einen Sonntag im Monat; daneben war er zweiter Hausmeister bei der Firma „Waldbaur-Schockolade“. Viel kann dabei nicht herausgeschaut haben, weshalb die Mutter noch Schreibarbeiten erledigte, wenn sich etwas bot. Auch werden von der Familie Zeitschriften ausgetragen und durch den Großvater Beiträge dafür eingezogen.
Erst als er dann als Bürogehilfe bei der „oberen Museumsgesellschaft“ noch eine weitere Stelle bekam, wurde die Lage für die Familie besser.

In Stuttgart wurde mein Vater im Herbst 1898 zum zweiten Mal in die Volksschule eingeschult, doch nach einem Jahr schickten ihn die Eltern dann auf eine etwas gehobene sog. „Bürgerschule“. Von dieser existiert dann durchgängig von der zweiten Klasse an ein Zeugnisheft, in das praktischerweise nach jeder Seite gleich ein Löschpapier eingebunden war.
Nach den ersten eher durchschnittlichen Jahren entwickelte sich Vater dann zum Klassenprimus, bei einer Klassenstärke von immerhin 50 Schülern, und er erhielt regelmäßig „ein Prämium“.

Die Bürgerschule ist baugleich in doppelter Ausführung nebeneinander gesetzt, einmal für Jungen und einmal für Mädchen. Interessant erscheint mir das Bewertungssystem mit 9 Stufen. Es beginnt mit "recht gut" – also kein sehr gut- und stuft weiter über „gut bis recht gut", „gut", „ziemlich gut", „mittelmäßig bis ziemlich gut", „mittelmäßig", „mittelmäßig bis sehr mittelmäßig" und letztlich „sehr mittelmäßig" als schlechteste Note ab, immerhin also ein Versuch, die vernichtende Wucht der schlechten Noten wenigstens verbal etwas abzumildern.

Ganz anders ist es dann anschließend in der Realschule, wo die acht Notenstufen „sehr gut/8", „sehr gut/7", „gut", „befriedigend", „ausreichend", „genügend", „ungenügend" und „ganz ungenügend" zur Verfügung stehen. Die Klassenstärke liegt dort nur noch bei 30 Schülern. Mein Vater besuchte erfolgreich die Klassen IV, V und VI und verließ diese Schule im Sommer 1907 mit dem Zeugnis *„der wissenschaftlichen Befähigung für den einjährig-freiwilligen Militärdienst"*. Das steht so wörtlich im Zeugnis, und zwar vorgedruckt. Was aber eine „wissenschaftliche Befähigung" mit dem Militärdienst zu tun hat, kann ich mir nicht erklären.
Damit ist seine Schulbildung abgeschlossen und die Berufswahl steht an.

Bevor der Ernst des Lebens anbricht, steht meinem Vater und seinem Bruder Emil noch ein ganz besonderes Erlebnis bevor: eine Reise an den Bodensee, offenbar als „Belohnung" für den guten Schulabschluss.
Der Bodensee ist etwa 200 Kilometer von Stuttgart entfernt, für heutige Verhältnisse also fast ein Katzensprung; damals war es schon eine Fernreise, die einzige übrigens, von der mein Vater erzählt.

*„Wir waren wie aus dem Häuschen als die Eltern uns sagten, wir dürfen auf 14 Tage zu ihren Freunden nach Lindau in Bayern fahren. Das war fast 4 mal  so weit wie nach Mühlhausen, für uns zunächst ein kaum fassbares, aber umso freudiger begrüßtes Ereignis. Und noch eine Riesen-Überraschung: der Freund war Kapitän auf einem bayerischen Bodenseedampfer! Emil und ich fieberten, bis es losging. Im nur schwach besetzten Eisenbahnwagen konnten wir dann nach Herzenslust unserer Begierde frönen, unterwegs auf beiden Seiten des Zuges uns nichts Sehenswertes entgehen zu lassen. Für uns war ja alles neu: das Neckartal hinauf bis Plochingen, dann der Fils folgend an der prächtigen Albkette vorbei nach Geislingen, von wo es über die von uns längst mit einem romantischen Schimmer verwobene steile Geislinger Steige hinaufging. Das für uns schon prickelnde Erlebnis, dass der ziemlich lange Personenzug – die Fahrt mit dem Schnellzug war für uns zu teuer – von zwei starken Lokomotiven gezogen wurde, verstärkte sich noch, als die Steige hinauf noch eine dritte zum Schieben hinzukam. Die fast 5stündige Fahrt über Ulm nach Friedrichshafen wurde uns nicht zu lang.*

*Quicklebendig stiegen wir am Hafen aus und schauten auf die riesige Seefläche, bis uns ein Matrose fragte, ob wir zu Kapitän Ruess wollten. Beglückt folgten wir ihm auf den zur Abfahrt nach Lindau bereitstehenden Dampfer „Prinzregent“. Herzlich begrüßte uns der joviale, uns gleich auf den ersten Blick gefallende Beherrscher des großen Schiffes. Wie stolz waren wir, dass wir uns auf dem für Passagiere verbotenen Kajütdeck aufhalten durften.*

*Über Schiffe hatten wir schon viel gelesen, aber jetzt wurde uns alles gezeigt und erklärt, und mit viel Geduld wurden unsere vielen Fragen beantwortet.*

*Staunend sahen wir auf die riesige Wasserfläche und auf die hohen Berge der Schweizerseite und kamen uns wie Kapitäne vor, als wir von unserem freundlichen Gastgeber ein Fernglas erhielten. Interessiert verfolgten wir die vom Kapitän geleiteten An- und Ab-*

*legmanöver an den Zwischenstationen und nahmen auf der Fahrt gelegentlich auch einmal das Steuerruder in unsere Hände. War das schön!*
*Damals hatten noch alle Schiffe der Anliegerstaaten Räderantrieb. Der „Prinzregent" war der älteste Dampfer und sollte bald stillgelegt werden. Herr Ruess wurde dann später Kapitän auf der modernen „Lindau", bis er pensioniert wurde. (...) Unsere Lieblingsplätze waren der große Löwe und der Leuchtturm links und rechts der Hafeneinfahrt, der Rangierbahnhof, wo wir das Führerhaus einer der riesigen bayerischen Schnellzugslokomotiven ansehen durften, und vor allem das Militärschwimmbad. Dort waren wir bald bekannt wie „rote Hunde", denn viele Stunden trieben wir uns an warmen Tagen in der großen Badeanlage herum. Viel abwechslungsreiche Unterhaltung gab es, wenn die Soldaten zum Baden geführt wurden. Von den Aus- und Ankleidekabinen umgeben befand sich eine Rostanlage, die an Zahnstangen gehoben und gesenkt werden konnte, so dass sich die Nichtschwimmer gefahrlos tummeln konnten. Die Unteroffiziere machten sich oft den Spaß, den Rost mit den darauf befindlichen Soldaten tiefer ins Wasser zu senken, dass ihnen das Wasser bis zum Hals stand. Viele wurden dann so ängstlich, dass sie flehten und jammerten, man möge sie doch wieder heben. (...) Auch Ausflüge machten wir mit der Familie Ruess nach Bad Schachen, wo ein großes Gartenkonzert einer Militärkapelle stattfand, und auf den Pfänder, die erste Besteigung eines wesentlich höheren Berges, als wir sie in der württembergischen Alb hatten. Wir hatten Glück mit dem Wetter und deshalb eine überwältigende Sicht auf einen großen Teil der Alpen mit ihren in den Himmel ragenden, teilweise mit Schnee bedeckten Spitzen. Staunen über die Wunder des Schöpfers machte uns einige Zeit still und andächtig, wir fühlten seine Größe und unsere Kleinheit. (...)*
*Auch ein Sommerfest machten wir mit. Alle Schiffe waren festlich beflaggt und abends mit Lampions hell erleuchtet, ein wunder-*

*schönes Bild. In den Biergärten gab es musikalische Darbietungen und zum Abschluss ein prächtiges Feuerwerk. Nur zu rasch war diese schöne Ferienzeit vorüber."*

Über seine Schulzeit und generell über das Bildungswesen urteilt mein Vater im Rückblick und im Vergleich zu der Situation zu der Zeit seiner Niederschrift, also Anfang der 60er Jahre: *„ich glaube, dass die Ausbildung zu meiner Zeit gründlicher und für das spätere Leben fruchtbarer war; dabei verkenne ich nicht, dass sich seither der Wissensstoff außerordentlich vermehrt hat (...) Die schwersten Bedenken habe ich gegen die Programmgestaltung in Rundfunk und Fernsehen, weil oft nicht einmal von den Erziehern, geschweige von Schülern aus dem Titel einer Sendung zu erkennen ist, ob sie für ein bestimmtes Alter geeignet ist oder nicht. Wie viele Eltern nehmen aber überhaupt Notiz davon, was ihre Kinder sehen und hören (...) Aus all dem entspringt häufig eine Gleichgültigkeit wenn nicht Abneigung gegen die systematische und ernste Arbeit der Schulen."*

Obwohl seine Lehrer ihn sehr zum Studium drängten, glaubte mein Vater die damit verbundene finanzielle Belastung der Familie nicht zumuten zu können.

Schon als Realschüler hat er deshalb auch häufig Nachhilfe-Unterricht gegeben. Er hatte offenbar als Schüler einen Sohn aus wohlhabendem Haus, wo er hinging und auch zum Essen eingeladen wurde. Wie er berichtet, konnte er dabei seine Tischmanieren erheblich verbessern, so wie er überhaupt immer bestrebt war, etwas abzuschauen und dazuzulernen. Bei seinen Geschwistern ist aber sein Versuch, das Gelernte auch zuhause einzuführen, kläglich gescheitert und brachte ihm nur den Spitznamen „unser Gockel" ein.

Sein Lern- und Wissensdurst zeigt sich auch in dem, was er über seine Weiterbildung durch Lesen berichtet. Demnach war er eine

ausgesprochene Leseratte. Da ihm in der Schule wenig Anregung für geeigneten Lesestoff geboten wurde, ließ er sich in einer städtischen Bibliothek „am Silberbuckel", einschreiben und erarbeitete sich dort die deutschen Klassiker, z.T. ackerte er sich auch durch französische Schriftsteller. Seine erste eigene Anschaffung war nach seinen Angaben eine 12bändige Schiller-Ausgabe. Aus dem gleichen Verlag (Philipp Reclam jun.) erwarb er später auch eine vierbändige Ausgabe von Goethes Werken, in deren erstem Band ich eine bemerkenswerte handschriftliche Widmung fand:
*„Es strebt der Mensch so lang er lebt!" Zur Aufrichtung in schwerer Zeit, die große Männer unserem deutschen Vaterland schenken möge! An Weihnachten 1922 meiner lieben Hanna gewidmet von ihrem Hermann.*

Seine Lesewut, wie man es wohl am besten nennen kann, vielleicht verbunden mit einer gewissen Anlage zum Einzelgänger, führte dazu, dass er sich nicht an studentischen Feten oder Tanzereien beteiligte, wozu er anscheinend häufig eingeladen wurde. Wie er offen bekennt, fühlte er sich in Sachen Anziehungskraft auf die Damenwelt – das Wort „sexy" war da noch nicht in Gebrauch - recht stiefmütterlich davongekommen. Es gibt zwar leider aus dieser Zeit keine fotografischen Belege, aber auch seine spätere Frau bestätigte, dass er alles andere als eine Schönheit gewesen sei.
Es muss sich bei ihm wohl um eine hartnäckige Akne gehandelt haben.

Doch ich will nicht vorgreifen…

Dagegen möchte ich noch nachtragen, was er zu den konfessionellen Verhältnissen in seiner Familie sagt.
Entsprechend der Herkunft der Familie aus dem evangelischen Mühlhausen sind alle Mitglieder Protestanten. Mein Vater geht als Kind mit seinem Vater sonntags zur Kirche, die Mutter bleibt we-

gen ihrer Platzangst zuhause. Sie ist aber sehr religiös und verbringt ihre freie Zeit, so weit sie diese erwirtschaften kann, mit ihrem Gebetbuch. Dabei ist sie gegenüber Andersgläubigen ausgesprochen offen und tolerant; früher sei sie auch oft in eine katholische Kirche gegangen, schreibt Vater. Wenn einige Jahre später „die Gretchenfrage“ eine unheilvolle Rolle im Leben meiner Eltern spielen sollte, so ist das jedenfalls nicht auf die Familie meines Vaters zurückzuführen.
Beim Stichwort „Toleranz“ fällt ihm auch noch ein Beispiel aus der Schule ein: am Samstag, der natürlich immer ein Schultag war, wurde aus Rücksicht auf die jüdischen Schüler keine Klassenarbeit geschrieben, denn diese hätten ja an ihrem Sabbat nicht mitschreiben dürfen.

Auch über seine Mutter schreibt mein Vater nur Gutes, so wie schon über seine Großmutter. Die Frauen scheinen die großen Dulderinnen gewesen zu sein, ebenso wie später seine eigene Frau; in Beziehung zu diesen drei Frauen habe er außergewöhnliches Glück gehabt und nur Liebe erfahren, wie er das mehrmals in seinen Erinnerungen zum Ausdruck gebracht hat.

# 7. Beruf „Soldat“

Nun zu Vaters beruflicher Entwicklung.
Sein Ziel war es, Soldat zu werden, richtiger: Offizier. Doch noch konnte er sich nicht als Freiwilliger melden, er war zu jung. Deshalb begann er zunächst eine kaufmännische Lehre bei einer Firma Heintzeler & Co, die er nach 19 Monaten aber, wie von Anfang an geplant, abbrach. Er schreibt, er habe dort sehr viel gelernt, was ihm später zugute kommen sollte.
Anfang 1909, also zum frühest möglichen Zeitpunkt, wurde er als Freiwilliger bei der Musterung beim Feldartillerie-Regiment für tauglich befunden. Statt die Möglichkeit als „Königs-Einjähriger“ – eine Vergünstigung für Söhne von Vätern, die im unmittelbaren Dienst des Königs standen, mit nur einem Jahr Militärdienst durchzukommen, - zu nutzen, entschied er sich für den zweijährigen Dienst als Rekrut, da er damit eine zweifache Grundausbildung, sowohl als Kanonier, als auch als Reiter erhält, was ihm besonders wichtig war.
Bis zum Dienstbeginn im Oktober war er für ein halbes Jahr als kaufmännischer Angestellter bei der Firma Eisemann & Co., einer Fabrik zur Herstellung elektromagnetischer Zündapparate, tätig, was ebenfalls für den späteren Berufsweg bedeutsam werden wird.

Am 2. Oktober 1909 rückte er dann mit 17 ½ Jahren als Freiwilliger in die 5. Batterie des Feldartillerieregiments Nr. 13, „König Karl“ ein. Regimentchef war der regierende König Wilhelm II von Württemberg, den er vorher schon oft bei den sonntäglichen Gottesdiensten in der Schlosskirche im alten Schloss gesehen hatte. Die Schlosskirche war damals für alle Bediensteten am Hofe zuständig und mein Vater war deshalb dort ebenso wie seine Geschwister auch konfirmiert worden.

In diesem Zusammenhang berichtet mein Vater auch, dass König und Königin öfter sogar im Straßenverkehr als Fußgänger unterwegs waren, wenn sie zu persönlichen Einkäufen besonders vor Weihnachten die Auslagen in den Schaufenstern betrachteten, immer kenntlich an ihren weißen Spitzen, die sie umkläfften.
„*Ich habe damals oft gedacht*", schreibt mein Vater dazu, „*dass im Schwabenländle wohl immer noch die Feststellung der deutschen Fürsten in dem bekannten Lied "Preisend mit viel schönen Ehren" gelten müsse, wonach Graf Eberhard von Württemberg, der mit dem Barte, als der Reichste gepriesen wurde, weil er seinen Kopf ungefährdet jedem Untertan in den Schoß legen konnte*".
Und weiter: „ *In meinem Ausbildungsjahr in Berlin von 1912 bis 1913 habe ich Ähnliches nicht gesehen, da wurde stets von der Polizei abgesperrt, wenn der Kaiser durch die Stadt fuhr. Unser König lebte, abgesehen von offiziellen Anlässen, wie jeder andere Bürgersmann, wohnte auch nicht im großen Neuen Schloss sondern in seiner allerdings recht geräumigen Privatvilla. Mir hat es deshalb auch sehr leid getan, dass man den König bei der Abschaffung der Monarchie nach dem verlorenen Krieg 1914-18 nicht vor Beleidigungen durch die aus Hamburg und Berlin stammenden Aufrührer schützen konnte. Er dankte ab und lebte noch drei Jahre als Herzog von Württemberg auf seinem Jagdschloss bei Tübingen. Dort starb er im November 1921. Ich kann mich noch gut erinnern, wie sein Leichnam auf seinen Wunsch nicht durch seine Hauptstadt Stuttgart, sondern um sie herum auf einer Lafette nach Ludwigsburg zur Beisetzung überführt wurde.*
*Eine weitere unmittelbare Begegnung lebt noch in meiner Erinnerung: der König kam als Chef seines Regiments jedes Jahr zu den Reitbesichtigungen nach Cannstatt. Bei einem solchen Anlass wurde ich 1911 zusammen mit noch einem Gefreiten als Ehrenwache in Paradeuniform (Bandelier, Helm mit weißem Busch, Reitstiefeln, alles auf Hochglanz poliert) zum Eingang der Reithalle befohlen. In Begleitung mehrerer hoher Offiziere blieb der König*

*ausgerechnet in meiner nächsten Nähe in einer Unterhaltung einige Zeit stehen. Darüber hätte ich mich ja sehr freuen sollen, konnte ich mir doch den König in Muße ansehen: ein verhältnismäßig kleiner Mann mit gutmütigem Gesicht, der schlecht in eine Uniform passte mit seinem beträchtlichen Leibesumfang. Allerdings sah ich ihn nur von hinten und das war mein Pech, weil er aus diesem Grunde nicht bemerken konnte, dass dem Ehrenposten hinter ihm langsam der Angstschweiß ausbrach. Ich präsentierte nämlich seit seinem Eintreffen an der Reithalle mit dem langen Säbel, der in meiner Hand immer schwerer wurde und deshalb zu wackeln anfing. Lange hätte dies nicht mehr dauern dürfen, sonst wäre die Spitze meines Schwertes auf den Landesvater niedergefallen; dazu wäre es natürlich nicht gekommen, aber mir wäre nur übriggeblieben, den Säbel in die Stellung „Gewehrüber" zurück zu nehmen, militärisch gesehen eine Unmöglichkeit. Zu meinem Glück bemerkte ein Offizier der Begleitung meine Not, gab mir ein Zeichen und ich war erlöst."*

Und noch in einem weiteren Bericht meines Vaters, und zwar über das Kaisermanöver 1909, wird seine damalige Einstellung kurz vor seinem Wehrmachtseintritt deutlich:
*„Mit großer Anteilnahme las ich in der Presse die Berichte vom großen Kaisermanöver, das in einem riesigen Gebiet südlich des Mains bis in die Gegend Heilbronn – Crailsheim stattfand. (...) Als Abschluss fand eine prächtige Parade vor dem Kaiser, den Fürsten und hohen Gästen vom In- und Ausland statt. Natürlich musste ich dabei sein, um das großartige Bild der vielen Soldaten aller Truppengattungen in deren bunten Paradeuniformen, vielfach mit wehenden Helmbuschen zu sehen. (...) Zum Schluss der Parade, ritten die Fürsten mit dem Kaiser an der Spitze und dem großen Gefolge, in farbenprächtigen Uniformen an den Zuschauern im Trabe vorbei, mit brausenden Hochs und Hurras begrüßt. Da konnte ich den Kaiser gut sehen, auch unseren König und den*

*Prinzregent Luitpold von Bayern. Ein unvergesslicher Eindruck für einen jungen Menschen und glühenden Patrioten wie ich...“*

Dann brach für den jungen Patrioten eine „unerwartet“ harte Zeit in der Kaserne an. Als Rekrut bekam er einen Sold von 22 Pfennigen am Tag. Eine Halbe Bier kostete damals 10 Pfennig. Auch über den Dienst in der Kaserne mit all ihren Schikanen schreibt Vater ausführlich, aber ich denke, dass das eben der Alltag bei der militärischen Ausbildung war und insofern keine Besonderheit darstellt. Lediglich eine Passage über Pferde möchte ich zitieren, die viel über Vaters Charakter und Einstellungen aussagt:
*„Der Umgang mit den Pferden machte mir besonders viel Freude und entschädigte mich für viele Unannehmlichkeiten. Es war aber auch, als merkten die Pferde bald meine Fürsorge, die über das gewöhnliche Maß hinausging. Ich schrie sie nie an, sondern sprach mit ihnen immer freundlich und mit gedämpfter Stimme. Ich bin überzeugt, dass Bosheiten der Pferde fast ausschließlich auf falsche Behandlung durch grobe Menschen zurück zu führen sind. Als Remonte, wenn sie mit 4-5 Jahren zur Wehrmacht kommen, sind die Pferde ganz unverdorben und bei guter Behandlung für alles zu haben. Ich bin noch heute stolz darauf, dass ich als blutjunger Laie bald dafür bekannt war, dass ich sogar mit den als besonders schwierig bekannten Pferden rasch Freundschaft schließen konnte. Und merkwürdig: Futtermeister und im zweiten Jahr Dienende hatten bald Respekt, sodass ich es leichter hatte. Oft hörte ich sagen, dass es doch erstaunlich sei, dass so ein „Kofmich“ (Kaufmann) besser mit Pferden umgehen könne als ein Bauer.“*

Zur Ausbildung gehörte natürlich auch das Scharfschießen, zu dem die Rekruten zum Truppenübungsplatz Münsingen „verlegt“ wurden. Das bedeutete damals einige Tagesmärsche und Übernachtungen bei den Bauern, denen es eine Ehre war, die Soldaten bei

sich aufzunehmen und sie auch gut zu verpflegten, einschließlich „Vesper“ für den Marsch:
*„Ich kann nur sagen, wir waren da sehr begehrte und verwöhnte Gäste“.*

In diesem Zusammenhang findet sich auch eine Bemerkung zum Schießen:
*„Dieses Scharfschießen erweckte in mir zwiespältige Eindrücke und ich dachte oft, ein Krieg mit solchen Waffen müsse doch grauenhaft sein. Zum Glück halten solche Gedanken bei einem jungen Menschen nicht lange an.“*
An anderer Stelle schreibt er, dass ihn das Buch von Berta Suttner „Die Waffen nieder“ sehr beeindruckt habe, ebenso „Der Zusammenbruch“ von Emil Zola:
*„Von diesen Büchern kam ich kaum mehr los. Überall sah ich in meinem neuen Beruf die mörderischen Wirkungen der Waffen und die Entwicklung zu noch verheerenderen Vernichtungsmitteln, sicher keine erwünschte Beschäftigung für einen jungen Soldaten, der das Kriegswesen gerade in der Waffentechnik lernen sollte.“*
Entscheidende Konsequenzen hat mein Vater aus diesen zwiespältigen Gefühlen nicht gezogen, die Militär-Laufbahn war weiterhin sein erklärtes Ziel – sie galt damals ja auch in allen Kreisen der Bevölkerung als höchst ehren- und erstrebenswert, ja sie wurde geradezu verherrlicht.

Nach der Rückkehr vom Manöver wurde er Gefreiter und erhielt eine Korporalschaft von zwölf Mann zugeteilt. Diese erste Führungsaufgabe meisterte er offenbar gut, - obwohl er mit seinen 18 ½ Jahren Rekruten zu führen hatte, die alle schon über 20 Jahre alt waren-, wohl dank der hervorstechenden Charaktereigenschaften, die ihm in allen Zeugnissen nahezu übereinstimmend bestätigt werden: Gerechtigkeitssinn und Achtung der Menschenwürde.

Seine weitere militärische Laufbahn sei hier nur in Stichworten skizziert:
Am 1.10.1911 wurde er zum Unteroffizier ernannt, was ihm die Pflicht einbrachte, für seine Uniform selbst zu sorgen, aber gleichzeitig auch mehr Freiheiten bescherte, da er nun privat wohnen konnte. Bei einem Militärkonzert lernte er auch mit Anna seine erste Liebe kennen, doch währte das junge Glück nur ein paar Monate. Anna und vor allem deren Eltern drängten auf die Verlobung und eine rasche Heirat. Doch das war nicht im Sinne meines Vaters, der zunächst einmal die anstehende zweijährige Ausbildung an der Oberfeuerwerkerschule in Berlin hinter sich bringen wollte. Er beendete deshalb das Verhältnis mit Anna ziemlich abrupt in einem Gespräch mit ihren Eltern, an dem die Schmollende sich selbst nicht mehr beteiligte. Diese Erfahrung veranlasste meinen Vater nach seiner Rückkehr aus Berlin dazu, sich eine Wohnung zu suchen, wo *„keine heiratsfähige Tochter“* im Haus ist.

Zunächst also ging er nach Berlin, wo er die Ausbildung zum Feuerwerker-Offizier von September 1912 bis Oktober 1913 mit gutem Abschluss (13ter von 188 Absolventen) durchlief.
Diese Schule hatte nach seiner Schilderung nahezu Universitätsniveau vor allem in den überwiegend technischen Fächern. Sein Leben in Berlin war sehr einfach und bot wenig Raum für ein Eintauchen in das überschäumende Leben der Hauptstadt mit all ihren Reizen und Verlockungen. Er entzog sich auch dort dem studentischen Leben und nutzte seine Freiheit zur Weiterbildung u.a. durch Konzert- und Theaterbesuche, das heißt, so weit sein Geld reichte. Aber Berlin hatte ja eine von vielen Studenten hochgeschätzte Einrichtung: Aschingers Bierquelle, wo es Erbsensuppe mit Würstchen und vor allem Gratisbrötchen gab!

Relativ breiten Raum nehmen in seinen Berichten wieder die höfischen Großereignisse ein, wie die Hochzeit der Kaisertochter Victoria Luise mit Herzog Ernst August von Braunschweig, sowie die Kaiserparade mit allem militärischen Glanz und in Anwesenheit der meisten gekrönten Häupter aus ganz Europa. Auch knapp eineinhalb Jahre vor dem Ausbruch des ersten Weltkrieges scheint in Berlin noch alles eitel Sonnenschein zu sein und die Begeisterung kennt keine Grenzen. Da dies für uns Heutige kaum noch zu verstehen ist, will ich den Bericht meines Vaters wörtlich wiedergeben:

*„Am 24.5.1913 wurde in Berlin mit allem Prunk und großer Anteilnahme der schaulustigen Bevölkerung die Hochzeit der einzigen Kaisertochter Viktoria Luise mit dem Herzog Ernst August von Braunschweig gefeiert. Beide waren eng verwandt zum englischen Herrscherhaus. Die Großmutter der Braut war die Königin Viktoria von England, deren lange glückliche Regierung als das Viktorianische Zeitalter in die Geschichte eingegangen ist. Herzog Ernst ist ein Sohn des Herzogs von Cumberland, der dem Geschlecht der Welfen entstammt. Sein Vater war König Georg von Hannover, der von Preußen im Krieg 1866 zum Thronverzicht gezwungen wurde. Auf das gleiche Geschlecht geht das heutige englische Herrscherhaus zurück.*

*Wir Schüler hatten nachmittags dienstfrei, so dass wir dieses große Ereignis miterleben konnten. Schon am Vortag war ich zufällig in die Menschenmassen entlang der Straße vom Lehrter Bahnhof zum Schloss geraten und sah den Einzug des Königs von England und seines Gefolges. Der Kaiser hatte ihn mit den Prinzen im Bahnhof feierlich empfangen. Auf mich machte der Einzug einen gewaltigen Eindruck. Schon aus größerer Entfernung hörte man die Hochrufe und das Klappern der vielen Pferdehufe. Zuerst kam eine Schwadron Garde du Corps, eine Art Leibwache. Die Reiter in ihren weißen, goldbetressten Uniformen, glänzenden Brustharnischen, hohen Adlerhelmen und weit über die Knie hinaufreichenden glänzend schwarzen Reitstiefeln saßen durchweg auf ausgesucht schönen hohen und starkknochigen Pferden mit prächtigem Zaumzeug und blauen Schabracken über den Sätteln. Den gezogenen Pallasch (schwerer Säbel) trugen sie geschultert, die Scheiden baumelten vom Sattel.*

*Alle Reiter waren groß und breitschultrig mit starken schwarzen Schnurrbärten. Und es schien mir, als seien die Gesichter weiß gepudert. Das rasselte und dröhnte in leichtem Trab an mir vorüber, ich kam mir ganz klein und unbedeutend vor gegenüber dieser Demonstration von schimmernder Pracht und erdrückender Kraft.*

*Dann kamen hohe und höchste Offiziere in farbenprächtigen Paradeuniformen und wehenden Helmbüschen ebenfalls zu Pferd. In der folgenden Equipage saßen König und Kaiser und in den weiteren die beiden Gattinnen, die Prinzen beider Häuser und ihr Gefolge. Hierauf wieder Offiziere zu Pferd und zum Schluss noch einmal eine Schwadron Garde du Corps, die in ihrer Wucht noch einmal alles niederzuwalzen schienen. Ich weiß noch gut, wie benommen ich war nach diesem Daherstampfen der kriegerischen Macht und doch war ich auch stolz auf unseren Kaiser und unser deutsches Vaterland. Beim Niederschreiben dieses Erlebnisses wird mir erst bewusst, wie tief es sich in mein Gedächtnis eingegraben haben muss, dass die vielen Einzelheiten mir noch so frisch vor Augen stehen. Die ganze Stadt und viel Land war natürlich bis spät in die Nacht auf den Beinen.*

*Am Hochzeitstag selbst ergatterte ich einen guten Platz in der Nähe des Schlosses unter den Linden. Die Wartezeit wurde abgekürzt durch fortwährendes Hälse-Strecken, wenn irgendwo im Schloss oder auf dem Weg zu ihm Uniformen auftauchten, aber auch durch den bekannten schlagfertigen Witz der harrenden Berliner. Endlich war es so weit, dass sich der Hochzeitszug zum Dom begeben konnte – die vielen Zuschauer kamen auf ihre Rechnung. Es war, was alle nicht wussten und vielleicht nur wenige ahnten, das letzte Auftreten der die Welt beherrschenden Monarchen vor einer Katastrophe, welche die meisten von ihnen vom Thron stürzen sollten.*

*Ich gehörte bei meiner Jugend und Unerfahrenheit natürlich zu denen, die von der gezeigten Macht und Größe unseres Vaterlands und Herrscherhauses begeistert waren und deshalb für das starke und friedliebende Deutschland keinerlei ernste Gefahr sahen.*
*Natürlich wussten wir von den immer wieder zwischen den Großmächten auftretenden Spannungen, bei denen es letzten Endes immer um Vergrößerung des Besitzes und der Macht ging. Aber immer wieder einigten sich die rivalisierenden Nationen, weil keine Krieg wollte, der sich nur zu leicht zu einem Weltkrieg ausweiten konnte. Und wer kümmerte sich in der Masse der Bevölkerung schon um Politik? Und jetzt bei diesem Fest, das so viele Monarchen und Staatsführer vereinte, hatte erstrecht fast jeder bei uns den Eindruck, dass der Friede erhalten bleiben würde…"*

# 8. Die Frau fürs Leben

Nach Abschluss des Lehrgangs in Berlin wurde mein Vater zu seiner Freude zum Artilleriedepot in Ludwigsburg zurückversetzt, also in seine Heimat und damit in die Nähe der Eltern, Geschwister und Freunde. Sein Vater hatte ihm in der Zwischenzeit ein „bescheidenes, aber doch ordentliches Zimmer" besorgt" unter der Bedingung, dass im Haus keine Töchter sein dürften, die bald oder in absehbarer Zeit heiratsfähig werden könnten, denn solchen Versuchungen gedachte er sich unter allen Umständen zu entziehen, um sich ungestört auf den für 1914/15 vorgesehenen Besuch des Oberen Lehrgangs der Feuerwerkerschule vorbereiten zu können, um bald Offizier zu werden und damit für eine Heirat gesicherte Grundlagen zu schaffen, wie er schreibt, *„aber der Mensch denkt..."*
Und Gott Amor, der seinen Bogen schon gespannt hatte, lachte darüber nur; so hätte man das damals wohl im Stil der Zeit ausgedrückt.

Vaters Denken und Vorsorgen hatte nicht lange Bestand, denn es passierte, *„was ich nicht im entferntesten hatte ahnen können, dass mir dort die Frau für's Leben begegnen sollte, von der ich sehr bald spüren sollte: die oder keine!"*

Was sich da nun am Anfang dieses ominösen Jahres 1914 abspielte, mag für den Leser eine ganz normale Liebesgeschichte darstellen, für mich als Sohn, der ich meine Eltern fast 50 Jahre lang begleiten durfte, ist sie ein ganz besonderes Mysterium: trotz scheinbar ungünstigster Vorzeichen entfaltet die Liebe eine Macht, die stärker ist, als alles menschliche Planen, und hat es so zu Wege gebracht, diese beiden für einander bestimmten Menschen, wie sie es selbst gesehen haben, zusammen zu führen und ein Leben lang in guten und in schlechten Tagen in unverbrüchlicher Treue zueinander zu erhalten.

Doch schön der Reihe nach:

Mein Vater bezog also Anfang Januar das für ihn ausgesuchte Zimmer im 1.Stock der Wirtschaft „Zum neuen Güterbahnhof". „Herzgefahr", wie er das nannte, bestand nicht, denn die beiden Mädchen der Vermieter waren erst sieben und neun Jahre. Als Feuerwerker war er zwar noch Soldat, sein Leben unterschied sich aber kaum von dem eines kaufmännischen Angestellten: er bekam ein Gehalt, wenn auch recht bescheiden, konnte in Zivil gehen und wohnen, wo er wollte und musste wie jeder Andere auch rechtzeitig zum Dienstbeginn erscheinen. Die Mittagspause in der Muna (Munitionsanstalt) dauerte nur eine halbe Stunde und reichte gerade für ein mitgebrachtes Vesper; abends aß er meist in der Wirtschaft bei seinen Wirtsleuten, da reichten für den sparsamen Schwaben 60 bis 80 Pfennige; das Zimmer kostete mit Heizung und Bedienung 19.- Mark, viel blieb also nicht von 90.- Mark Gehalt übrig, denn er musste ja auch für seine Uniform sorgen, auf die er nach seinem Bekunden auch recht stolz war. Diese führte er auch gern zu Konzerten in der „Reunion" (Liederhalle) aus; die verbleibende Freizeit war dem privaten Studium vorbehalten. Doch daraus wurde nicht viel und das kam so:

*„Die Kinder der Familie Kurtz (Wirtsleute) sagten mir eines Tages, dass ihre Tante zu Besuch käme, was mich aber nicht weiter interessierte. Das änderte sich aber sehr, als ich „die Tante" dann im Nachbarzimmer mit den Kindern sprechen hörte. Stimme und Sprechweise waren mir sympathisch und ich dachte dabei, dass diese Tante gut mit Kindern umzugehen verstehe. Wie war ich erst überrascht, als mir die Tante an der Korridortüre als „Fräulein*

*Hehn“ vorgestellt wurde, eine sehr hübsche junge Dame, die also nicht nur eine sympathische Stimme hatte, sondern eine ebenso ansprechende Erscheinung war. Bei dieser kurzen Vorstellung ahnte ich wirklich nicht – und sie sicher auch nicht -, dass wir für einander bestimmt waren. Übrigens fing es für mich gar nicht gut an, denn meine liebe Hanna hat es bis heute nie ganz vergessen können, dass dieser Herr Fischer, ein simpler Feuerwerker, ihre bei der Begrüßung mir impulsiv gebotene Hand nicht freudig genommen hat. Nun war ich schon in frühen Jugendjahren wegen meines wenig ansprechenden Akne-Gesichts recht zurückhaltend und bei meinen Bekanntschaften zumeist auf Distanz bedacht. Dazu kam zweifellos auch die große Überraschung, dass nun plötzlich statt der von mir vermuteten ältlichen Tante ein so anmutiges junges Mädchen vor mir stand. Es bleibe dahingestellt, ob und inwieweit mein zurückhaltendes Benehmen sie reizte, den hochmütigen Feuerwerker etwas zappeln zu lassen. Sicher ist, dass wir beide Gefallen an einander fanden und uns immer mehr freuten, wenn wir uns wiedersahen. Ebenso weiß ich auch, dass wir uns zunächst gar nicht bewusst wurden, wie aus unserem freundschaftlichen Verhältnis eine innige und zarte Liebe wurde, die aus gegenseitiger Achtung und schönem Verstehen sich entwickelte und diese Vorzeichen durch Freud und Leid in 45 Ehejahren beibehielt.“*

Randbemerkung: *„27.11.1976: diamantene Hochzeit, also 60 Jahre!“*

Dabei stand ihre beginnende Beziehung von Anfang an unter einer doppelten unheilvollen Bedrohung: zum einen aus der politischen Lage und zum anderen aus der „Gretchenfrage“. Letztere war für meinen Vater immer das Stichwort, mit dem er das Thema „Religionsunterschied“ umschrieb, und das sich für meine Mutter zu einer schweren gesundheitlichen Belastung auswuchs, unter der sie ihr Leben lang gelitten hat.

Wie ich schon früher ausgeführt habe, wuchs meine Mutter in einer durch und durch katholischen Umgebung auf, sowohl was den Ort „Sontheim“ und noch mehr, was die eigene Familie betraf. Das hat sie nicht nur geprägt, sie hat sich auch aus ureigenster Überzeugung für ihren Glauben eingesetzt. An anderer Stelle schrieb ich dazu, dass sie nach dem Vorbild ihrer Namenspatronin, der heiligen Johanna von Orleans, am liebsten selbst in eherner Rüstung an der Spitze eines christlichen Heeres gegen den Feind gezogen wäre. Und unter diesen Feinden hat sie sicher auch Martin Luther und seine Anhänger gesehen, auch wenn sie das so nie ausgesprochen hat. Ich denke, es ist ein Verdienst meines Vaters, auch wenn er dazu nur passiv beigetragen hat, dass sie im Lauf der Jahre ihren kämpferischen Einsatz für den Katholizismus immer mehr in einen Kampf für das Christentum umgemünzt hat.

Welche kämpferische Energie bei ihr vorhanden war, dazu eine kleine Anekdote aus ihrer Jugend:
Zu Weihnachten spielte man in Sontheim üblicherweise ein Krippenspiel mit Jesus, Maria und Josef. Johanna Hehn, also meine spätere Mutter, damals vielleicht dreizehn oder vierzehn Jahre alt, spielte die Maria. Und das kleine Jesuskind erdreistete sich, den Anweisungen seiner Mutter nicht zu folgen oder sonst irgendeine kleine Untat zu begehen, was Maria dazu veranlasste, ihren Sohn auf offener Bühne zu ohrfeigen. Wie berichtet wird, war die Fortsetzung des Krippenspieles daraufhin doppelt gefährdet: weil der Jesusknabe aus Leibeskräften zu schreien begann und weil das Publikum nicht mit Lachen aufhören konnte. Über die köstliche Szene wäre sicher auf der ersten Seite des Lokalblatts von Sontheim berichtet worden, wenn es das damals schon gegeben hätte.

Ich selbst kann aber bezeugen, dass mein Vater später oft seine liebe Not hatte, seine kämpferische Johanna davor zu bewahren, allzu unvorsichtig auf Adolf Hitler zu schimpfen, den sie schon früh als den Satan in Person ansah; damals habe ich zum ersten Mal in ihren Gesprächen das Wort Dachau gehört, was ich allerdings noch nicht recht einzuordnen wusste.

Ich war bei der „Gretchenfrage" stehen geblieben.
Meiner Mutter war sich von Anfang an darüber klar, dass sie ihren Eltern riesigen Kummer bereiten würde, wenn sie mit einem Nichtkatholiken eine Ehe eingehen würde, ja, sie erwartete wohl, dass sie dazu die Einwilligung ihrer Eltern gar nicht erhalten würde. Jedenfalls haben die Beiden ihre gegenseitige Liebe, die sie sich nach einigen Wochen gestanden hatten, lange vor den Eltern meiner Mutter verheimlicht. Bei den Eltern meines Vaters kam es dagegen zu keinerlei Problemen, sie und auch seine Geschwister standen voll hinter ihm und hinter seiner Wahl, als sie die Erwählte kennen gelernt hatten.
Um die gleiche Zeit stellten sich bei meiner Mutter Schmerzen in der Magengegend ein, die immer schlimmer wurden. Sie suchte im Lauf der Zeit mehrere Ärzte auf, die übereinstimmend konstatierten, dass es sich wohl um ein Nervenleiden handeln müsse, das allmählich auch wieder abklingen werde. Damit gaben sich meine Eltern zufrieden und hofften auf die versprochene Besserung. Das Gegenteil war der Fall. Auch als sich die Beiden entschlossen, der Geheimnistuerei ein Ende zu bereiten und mein Vater den Gang in die Höhle des Löwen antrat, um bei ihren Eltern um die Hand ihrer ältesten Tochter anzuhalten, besserte sich ihr Zustand nicht, obwohl die Mission wenigstens in so weit erfolgreich war, als ihre Eltern die Erlaubnis gaben, dass sich die bereits heimlich Verlobten noch besser kennen lernen durften.

Natürlich ist es reichlich spekulativ, heute der konfessionellen Problematik und dem, was an Problemen und Ängsten daraus entstanden ist, die Schuld an der schweren Erkrankung meiner Mutter zuzuschieben. Fakt ist jedenfalls, dass fast schon zu spät ein bedrohliches Magengeschwür bei ihr festgestellt wurde, das nur durch eine Resektion von drei Fünfteln ihres Magens entfernt werden konnte. Auch gab es in der Folgezeit in reichlichem Maß weitere Anlässe, die den Gesundheitszustand meiner Mutter weiter negativ beeinflussten, so dass die Behauptung kaum übertrieben ist, dass sie in ihrem Leben häufiger krank als gesund war.

# 9. Der erste Weltkrieg

Einer dieser Anlässe stand schon vor der Tür: der Ausbruch des ersten Weltkrieges. Zur offiziellen Verlobung kam es nicht mehr, mein Vater wurde Anfang August als Oberfeuerwerker zum Stab der 26sten Feldartillerie-Brigade unter General von Mohn versetzt.

Nun kann man überall lesen, dass der Kriegsausbruch in deutschen Landen eine riesige Begeisterungswelle auslöste und die Truppen von der Bevölkerung schon bei ihrem Aufbruch ins Feld wie die Sieger gefeiert wurden. Wie mein Vater berichtet, fanden aber auch kurz vor Kriegsausbruch in Stuttgart wie in anderen Städten an den Abenden heftige Auseinandersetzungen zwischen Kriegsgegnern und Befürwortern statt, die oft in Handgreiflichkeiten endeten. Er sei selbst nur knapp bei so einem Scharmützel der Verhaftung entgangen, als sich herausstellte, dass er selbst daran nicht beteiligt gewesen war.
Umgekehrt erzählt er von der schrecklichen Szene, *„wie die jungen, ungeübten Freiwilligen-Regimenter untergehakt mit dem Deutschlandlied auf den Lippen gegen die mörderisches Feuer speienden feindlichen Linien stürmten und verbluteten"*.

Auf seinen ausführlichen Bericht von der Front zunächst in Frankreich, dann in Polen und Russland, in Serbien, wieder in Frankreich und zuletzt in Galizien will ich hier nicht eingehen, er ist auch keinesfalls erhebend. Da er dem Stab zugeteilt war, hatte er vor allem Befehle per Pferd an die Truppen zu überbringen, oft aber hatte er auch in vorderster Linie feindliche Blindgänger zu entschärfen bzw. zu sprengen. Die Sprengkapseln dazu trug er immer in der linken Brusttasche, also direkt über dem Herzen. Oft war er auch als Freiwilliger in geheimem Sonderauftrag unterwegs und hat dafür auch einige Auszeichnungen für besondere Tapfer-

keit erhalten; worum es sich dabei gehandelt hat, geht aus seinen Aufzeichnungen nicht hervor. Er hat auch wenig über seine Kriegserlebnisse erzählt, nur auf eine gezielte Frage von mir, wie er es fertig gebracht hat, auf einen Feind zu schießen, sagte er, dass er auf seinen Ritten kein Gewehr dabei gehabt habe und sich nur gelegentlich mit seinem Revolver den Weg freischießen musste. So ist wohl auch zu erklären, dass er selbst nie verwundet wurde.
Sein Glück war es schließlich, dass er Mitte September auf allerhöchsten Befehl von der Front in den Waldkarpaten nach Ludwigsburg zurückberufen wurde, um die Leitung der Munitionsherstellung der dortigen Munitionsfabrik zu übernehmen. Aus seinem Bericht ist zu entnehmen, dass sich bei der deutschen Artillerie die „Rohrkrepierer" stark häuften, was auf Mängel in der Fertigung der Granaten in der Heimat schließen ließ.

Damit war der Krieg für meinen Vater mehr oder weniger vorbei, er war außer Lebensgefahr, denn Luftangriffe auf die Heimat gab es ja noch nicht. Und so konnte jetzt auch wieder das Privatleben aufgenommen werden. Noch während mein Vater an der Front war, hatte sich der Gesundheitszustand meiner Mutter weiter verschlechtert. Dies mag der entscheidende Grund gewesen sein, dass Mutters Eltern ihren Widerstand gegen den Lutheraner aufgaben und ihr Ja-Wort zur Verlobung gaben, die am 9. Mai 1915 gefeiert wurde, freilich musste sich mein Vater den per Feldpost geschickten Verlobungsring selber anstecken; sie natürlich ebenso. Nach seiner Rückkehr fand am 27.11.1916 in Sontheim die Hochzeit statt, allerdings im kleinsten Familienkreis, denn alle männlichen Familienmitglieder waren ja als Soldaten an der Front. Der Vater meiner Mutter pflegte zu sagen, alle seine vier Buben seien im Feld, und wenn dann jemand sagte, *„aber Lui, du hasch doch nur drei*" so antwortete er: *„noi, der Hermann g`hert au dazu, der isch mir so lieb wie meine eigene."*

Bilder von der Hochzeit gibt es keine; man hatte damals noch keinen Fotoapparat, und zu einem Fotographen zu gehen, das war wohl zu teuer. Auch eine Hochzeitsreise zu machen war natürlich mitten im Krieg undenkbar. Erst nach dem Krieg sind die Beiden einmal für einige Tage an den Bodensee gefahren, so weit ich das aus ihren Erzählungen noch in Erinnerung habe.

Die zwei Jahre Fronterfahrung haben meinen Vater sehr verändert. Aus dem „glühenden Patrioten" war ein sehr nachdenklicher, dem Krieg und der Politik gegenüber äußerst kritisch eingestellter Mensch geworden. Zwar ist zu bedenken, dass er seine Erinnerungen erst als reifer Mann weit nach dem Ende des noch ungleich schrecklicheren zweiten Weltkriegs niedergeschrieben hat, doch stand schon am Ende des ersten für ihn fest, dass er den Uniformrock an den Nagel hängen und eine bürgerliche Existenz gründen werde. Mag dabei auch die beim Militär nach dem verlorenen Krieg ziemlich aussichtlose Fortkommensmöglichkeit eine wichtige Rolle gespielt haben, so ist doch sein Einstellungswandel infolge der Kriegserlebnisse aus seinen Berichten unmittelbar herauszulesen. Deshalb möchte ich eine kleine Auswahl dieser Schilderungen wiedergeben. Ich sehe das auch als Erfüllung eines Vermächtnisses an, da er mehrfach erwähnt, sie in erster Linie für seine Nachkommen aufgeschrieben zu haben. Immer ging es ihm ja darum, das Erlebte zu reflektieren, daraus zu lernen und seine Erfahrungen weiter zu geben. Und sie haben ja bis heute im Jahr 2009 glücklicherweise keine eigenen Erfahrungen mit den Schrecken des Krieges machen müssen.

## 10. …in der Erinnerung meines Vaters.

In den Wirren der Mobilmachung ging offenbar zunächst alles drunter und drüber. So wurde meinem Vater befohlen, sich bei einem Regiment in Ulm zu melden. Dort angekommen hieß es, die Stelle sei schon besetzt. Als er sich schon enttäuscht zurückziehen wollte, kam eine geheime Verfügung vom Generalstab in Berlin durch, wonach jeder Feldartillerie-Brigade ein Feuerwerker für den Bau von Scheinzielen zugeteilt werden sollte. Mit diesen Scheinzielen sollte das feindliche Feuer von der eigenen Gefechtstellung abgelenkt werden; wegen der Gefährlichkeit dieses Auftrags wurden nur Freiwillige gesucht. Sofort griff mein Vater zu, froh endlich an die Front zu kommen. Seinen Aufzeichnungen entnehme ich die Schilderung des ersten Gefechtstags.

*„In der Frühe des ersten Tags sollte ich mich nach dem Eintreffen beim Stab nach dem Aufsitzen beim Kommandeur melden. Ich sollte, aber das für mich bestimmte Pferd war zweifellos anderer Ansicht und stemmte sich mit aller Macht gegen meine Anstrengungen zur Erzwingung des Gehorsams. Das ging ja gut an. Der starkknochige schöne Fuchs war bislang nur als Wagenpferd gegangen und nie geritten worden, und ausgerechnet er wurde dem seit ein und ein halb Jahren nur selten zu Pferde gesessenen bedauernswerten Feuerwerker zugewiesen. Schon das Aufsitzen war schwierig genug, gelang aber noch leidlich, aber dann drehte er sich wie toll im Kreise, stieg vorne hoch und keilte nach hinten aus, doch konnte ich mich im Sattel halten; aber ich konnte ihn nicht aus der Reihe der Reiter bringen, um mich beim General vorschriftsmäßig zu melden. Der Fuchs war nämlich ein „Kleber", was besagt, dass solche Pferde an den anderen kleben, also kaum wegzubringen sind. Der General sah zu, lächelte und mit den Worten: lassen sie es gut sein! befahl er den Abmarsch. Meine neuen*

*Kameraden sagten mir, sie hätten schon von den Tücken des Fuchses gewusst und seien sehr gespannt gewesen, wie ich mit ihm zurecht käme. Ich nehme vorweg, dass das Pferd und ich uns einigermaßen anfreundeten, aber er blieb doch ein Kleber und überraschte mich immer wieder mit unerwarteten Bosheiten(...)In der nächsten Frühe sollte der Angriff auf die französischen Linien beginnen; diesen ersten Gefechtstag will ich als Beispiel eingehender schildern.*

*Am Vorabend musste ich die Pferde des Stabs zum Fuß einer Hügelkette bringen, um sie dort zu füttern und zu tränken; gegen vier Uhr sollte ich mit ihnen wieder in der Stellung sein, in welcher die Offiziere des Stabs die Nacht auf Getreidesäcken verbrachten(...)*

*Schon kurz nach unserem Eintreffen begann das Geschützfeuer. Der Nebel im französischen Tal hob sich allmählich und ich sah die beiden unten liegenden Dörfer brennen. Die Sonne kam höher und vertrieb den Nebel. Aus den gelben, vor der Ernte stehenden Getreidefeldern war nun auch Gewehr- und Maschinengewehrfeuer zu hören. Der Infanteriekampf hatte begonnen und bald sah ich französische gegenüberliegende Infanteristen zurückgehen, die zu meiner Bestürzung keine feldgrauen Uniformen trugen sondern noch die alten mit blauen Röcken, roten Hosen und roten Käppis wie große blühende Mohnblumen in den Getreidefeldern leuchteten. Wie taten mir die armen Kerle leid, dass sie so gut zu treffende Ziele boten. Es handelte sich offenbar um Reserveformationen, die noch ohne neuzeitliche Feldausrüstung in den schweren Kampf geschickt worden waren. Auffallend war für mich die schwache Gegenwehr der französischen Artillerie.*

*Bald wurde unseren Batterien Feuereinstellung, Aufprotzen und Vormarsch befohlen. Unser Stab galoppierte zusammen mit dem Stab der 26. Infanteriedivision mit seinem Kommandeur, Herzog Wilhelm von Urach, ins Tal hinunter, wo ich dann die ersten Toten dieses so opferreichen Krieges liegen sah. Es waren in der großen Mehrheit Franzosen mit dunkler Hautfarbe aus den südlichen*

*Provinzen. Mir ging dieser Anblick, auch der deutschen Soldaten, doch ziemlich nahe und ich wünschte, dass die Machthaber von beiden Seiten tunlichst viel von solchen „Heldentaten“ zu sehen bekämen, dann würde mancher leichtfertige Entschluss zum Krieg unterbleiben.*

*Wir kamen an das erste französische Dorf heran, mussten es aber wegen der Feuersbrunst umreiten, ebenso das nächste. Noch heute höre ich das Prasseln der Flammen und das noch viel schlimmere Angst- und Todesgebrüll des verbrennenden Viehs. Grauenhaft! Das folgende Dorf war vom Feuer verschont geblieben, offenbar weil die Franzosen schneller in neue Stellungen zurückgegangen waren. Die beiden Stäbe ritten kurze Zeit nach der kämpfenden Infanterie in den Ort. Plötzlich brach rasendes Gewehrfeuer aus den Fensterläden der Häuser zu beiden Seiten der Dorfstraße. Die verängstigten Pferde fielen sofort in Galopp und rasten durch den Ort. Gegenwehr zu leisten war für die Berittenen zwecklos, nur rascheste Flucht konnte vor größeren Verlusten bewahren. Mein Fuchs war im stärksten Angstgalopp nicht mehr zu halten; ich lenkte ihn möglichst an die rechte Straßenseite in der Absicht, wenigstens von dieser Seite her kein Feuer zu erhalten. Die Pistole hatte ich schussbereit in der Hand, kam aber bei der außerordentlichen Aufregung meines Pferdes nicht zum Schuss, der zudem sinnlos gewesen wäre, weil ich bei dem rasenden Galopp kein Ziel erkennen und noch weniger hätte treffen können. Meine größte Sorge war das Pferd in der Hand zu behalten. Ich ritt fast am Ende der beiden Stäbe, war aber im Nu hinter den die Spitze bildenden Kommandeuren.*

*Das Reiten war noch erschwert dadurch, dass in den dortigen französischen Dörfern drei- bis vierstufige Steintreppen zu jedem Hauseingang hinaufführten. Ich musste also jede dieser Treppen mit meinem Pferd überspringen, ein Glück, dass sie keine Geländer hatten. Wie durch ein Wunder sprang der Fuchs einwandfrei über jede Treppe. Mein Reitvermögen war viel zu schwach, um*

*ihm viel helfen zu können. Auch war bei dem Durcheinander, dem prasselnden Gewehrfeuer und der Schnelligkeit des Ritts jede Überlegung ausgeschlossen, bis auf den Gedanken, nur einigermaßen gut aus dieser Schweinerei herauszukommen.(...)*
*Die grauenhaften Bilder der Zerstörung nahmen noch zu, wo die Franzosen neuen Widerstand geleistet hatten. In einem unzerstörten Dorf machten wir kurze Rast. Mein Pferdebursche sorgte für meinen Fuchs und ich sah mich etwas um. Ich ging in ein Bauernhaus hinein und kam in das Schlafzimmer, wo einige Grenadiere mit der Ausräumung des Wäscheschranks beschäftigt waren, wobei sie schon Vergnügen gehabt haben mussten. Laut habe ich hinausgelacht, als ich einen schweißbedeckten, dunkelhaarigen Soldaten von kräftiger Statur sah, der sich als Ersatz für sein verschwitztes Hemd ein Frauenhemd mit Spitzen übergezogen hatte. Er sah urkomisch aus mit dem seit Tagen unrasierten Gesicht und den im Hemdausschnitt sichtbaren dunklen Brusthaaren. Der Mann grinste mich an und meinte: „Was soll ich machen, Männerhemden gab`s keine, besser so als in meinen Lumpen."*

Grauen und auch Komik. An anderer Stelle erzählt mein Vater von ungeheuren Saufgelagen, wenn die Soldaten einmal den Keller eines Schlosses erbrochen hatten, wo bester Wein, Sekt und Cognac in Strömen floss. Allerdings legte er großen Wert auf die Feststellung, dass er von den Gräueltaten der Soldaterie gegenüber Greisen, Frauen und Kindern, die überall kolportiert wurden, nichts erlebt habe; nach seiner Meinung seien das überwiegend Erfindungen der Kriegspropaganda gewesen und zwar auf beiden Seiten. Einzelne Übergriffe auf die Zivilbevölkerung habe es sicher gegeben, aber in der Regel hätten Soldaten gegen Soldaten gekämpft. Nun, da mag wohl die Gesinnung meines Vaters seine Einschätzung etwas geschönt haben; die eigene Erfahrung sagt mir, dass seine Vorstellungen von Anstand und Moral außerordentlich hoch lagen und dass er, wo immer möglich, im Zweifel immer die Partei des Angeklagten ergriffen hat – in dubio pro reo.

Von seinen eigenen Erlebnissen greife ich noch eine Schilderung heraus, die recht gut miterleben lässt, wie die täglich durchzitterte Lebensangst den einst glühenden Patrioten verändert hat. Und nebenbei: welche Probleme die Fortbewegung zu Pferd mit sich brachte.

*„Wie aus meiner Schilderung hervorgeht, wurde ich noch nicht für die mir bestimmte Aufgabe (des Zielbaus) eingesetzt, sondern fungierte als zweiter Ordonanzoffizier und Führer der Stabssoldaten. So hatte ich wiederum einen Befehl an den Kommandeur des Fußartillerie-Bataillons zu überbringen. Seine drei Haubitzbatterien lagen in starkem Artilleriekampf mit französischen Batterien. Zunächst hatte ich wie üblich große Mühe, meinen „Kleber" von den anderen Pferden wegzubringen. Als dies gelungen war, galoppierte er wie auf der Reitbahn meinem Willen gehorchend; es war wirklich ein Genuss, ihn im Mittelgalopp zu reiten. Da krepierte etwa 300 Meter vor mir eine schwere Granate mit ohrenbetäubendem Krach, merkwürdigerweise ohne dass mein Pferd die von mir erwartete Angstreaktion zeigte. Meine Richtung führte mich nahe an dem noch rauchenden Detonationskrater vorbei. Da verhielt mein Pferd plötzlich seinen Lauf fast ruckartig, worauf ich natürlich nicht vorbereitet war. Ich flog in hohem Bogen über seinen Kopf, landete aber doch noch glimpflich unverletzt auf der Erde. Normalerweise sollte man annehmen, dass der Fuchs seine Freiheit zu einer Extratour ausgenützt hätte. Nichts davon geschah. Obwohl völlig frei, blieb er bei mir stehen, sah mit seinen harmlosen Kuhaugen auf mich runter, als wollte er sagen: gelt, dich hab ich doch einmal abgeworfen. Ruhig ließ er mich aufsitzen und galoppierte zum Stab der Fußartillerie unmittelbar neben den feuernden Batterien. Er schien von dem Triumpf der Überlegenheit*

*über seinen Reiter berauscht zu sein, denn entgegen meinen seitherigen Erfahrungen schien ihm der wirklich starke Artilleriekampf gleichgültig zu sein, ließ mich ab- und nach Abgabe des Befehls an den Kommandeur ohne die geringsten Schwierigkeiten wieder aufsitzen und galoppierte nach meinem Willen zu seinen „Gefährten" zurück. Ja, so ein Pferd ist oft für uns ein Rätsel, und wir müssen, wenn wir länger mit ihm umgehen, uns in seine Pferdenatur einfühlen und dies immer wieder spüren lassen, dann gibt es kaum ein treueres und zur Hergabe seiner letzten Kräfte bereites Tier.*

*Am nächsten Tag war wieder alles dran. Mit meinem Pferdehalter ging es wieder zur Fußartillerie. Sie lag unter schwerem französischen Feuer, so dass ich ihn mit den Pferden außer Feuerbereich zurückließ. Ich ging geduckt zum Stab, musste mich oft niederwerfen, wenn die Einschläge der Granaten um mich den Weiterweg sperrten. Doch allmählich konnte ich meinen Auftrag erfüllen und den Rückmarsch antreten. Leider hatte sich das Feuer wesentlich verstärkt und ich musste oft längere Zeit in den Furchen von Kartoffeläckern liegen bleiben, den Körper an die Erde gedrückt und den Kopf hinter die größten Schollen geduckt, als ob damit viel Schutz gegen Sprengstücke verbunden gewesen wäre. Aber die Angst zwingt einfach zu solchen fast wertlosen Schutzversuchen. Eine solche Situation lässt sich unmöglich beschreiben oder auch nur zeitlich festlegen. Klein wie eine Ameise und völlig ausgeliefert kommt man sich vor gegenüber solchen entsetzlichen Gewalten, die absolute Wehrlosigkeit ist kaum zu ertragen. Dieses zermürbende Warten ist das Schlimmste, der Soldat hat es demgegenüber etwas leichter, wenn er irgendwie agieren kann. Man versteht, wenn in solcher Ausweglosigkeit unter dem heran- oder absausenden Brüllen der Geschosse und dem furchtbaren Krachen der Detonationen Wünsche aufblitzen wie: „Ein Treffer, und nichts mehr sehen und hören" oder „So kann es nicht jeden Tag weitergehen, da gibt's keine Rückkehr in die Heimat, dann lieber ein*

*Ende mit Schrecken als ein Schrecken ohne Ende". Und auch: wenn man schon das Beten verlernt hätte, dann lernt man es wieder und sei es nur um ein rasches und gnädiges Sterben. Doch ich sollte am Leben bleiben und heil durchkommen, ein großes Gnadengeschenk."*

Ich kann als Nachfahre mit dem Vorzug der späteren Geburt meinem Vater und seinen Zeitgenossen nur aus tiefstem Herzen dankbar sein, dass sie mit dem Durchleiden des ersten und dann erst recht des zweiten Weltkriegs dazu beigetragen haben, dass die Menschheit hier in Zentraleuropa gelernt hat, jeder neuen Kriegszündelei mit aller Energie zu widerstehen und sich nicht mehr vor den Karren wahnsinnig gewordener „Führer" spannen zu lassen. Es bleibt nur zu hoffen, dass die Lehren aus diesen schrecklichen Geschehnissen auch in künftigen Generationen nicht vergessen werden. Mit dieser Art von Heldentaten auf dem „Altar des Vaterlands", gar noch mit dem Verlust des eigenen Lebens bezahlt, muss endlich und endgültig Schluss sein.

Dazu gehört noch eine weitere Erkenntnis meines Vaters, die ich auch im Originalton wiedergeben möchte:

*„Es ist heute bei den zivilisierten Völkern mit keiner Kriegsbegeisterung mehr zu rechnen und ich glaube, dass sie auch schon früher in der Hauptsache von den Regierungen und den ihnen verpflichteten nationalen Schriftstellern gemacht und bis zur Berauschung der Völker durchgehalten wurden, während Gegendemonstrationen kaum erwähnt oder ganz totgeschwiegen wurden. Um so mehr wurde das Heldentum der Armeeführer sowie gelegentlich auch der Soldaten in ihrer Gesamtheit oder in einzelnen hervorstechenden Taten herausgestrichen und gefeiert. Von dem unermesslichen Elend der Soldaten wurde kaum gesprochen.*

*Allgemein muss ich feststellen, dass jede kriegerische Auseinandersetzung mit einer Lüge beginnt und mit Lügen endet. Nicht umsonst wird ja der Staat auch als der Moloch dargestellt, der seine eigenen Kinder verschlingt (s. Bild von F. Goya). Und bis in die Neuzeit hat jeder Krieg immer noch einen nächsten geboren. Wie sollte auch aus den ausgesäten Lügen echter Friede entstehen und die Menschheit sich bessern können?"*

Vielleicht ist ja die in der allgemeinen Vaterlandsbegeisterung am Anfang des 20sten Jahrhunderts ausgegebene Losung „Am deutschen Wesen soll die Welt genesen" insofern zutreffend, als das von Deutschland über die Völker gebrachte Leid der beiden Weltkriege letztlich die Tür in eine bessere, friedlichere Zukunft aufgestoßen hat. Nach meiner festen Überzeugung wird die Menschheit nur fortbestehen, wenn sie im Lauf der Evolution die Chance ergreift, das ihr aus der Frühzeit der Entwicklung eingeprägte Erbteil blinder Aggression zu überwinden; andernfalls hat sie meines Erachtens ihr Überleben auch nicht verdient.

Nach diesem Ausflug in philosophische Gefilde will ich das Kapitel „Erster Weltkrieg" mit der Wiedergabe des Zeugnisses abschließen, das ihm „Generalmajor, General a la suite Seiner Majestät des Königs, v. Mohn" noch im Feld ausgestellt hat:

*„Oberfeuerwerker Fischer war von Beginn des Feldzugs bis zum Oktober 1916 im Stabe der 26. Feldartillerie-Brigade verwendet und hat sich in dieser Zeit hervorragend bewährt. Unerschrocken und tapfer hat er alle ihn bis in die vordersten Linien führenden Aufgaben zur vollsten Zufriedenheit ausgeführt und sehr Gutes geleistet. Er verdient unbedingtes Vertrauen und eignet sich infolge seiner guten Erziehung und seines taktvollen Benehmens zu jeder Verwendung."*

Und nach seinem Abschied aus der Wehrmacht wurde über die beiden letzten Kriegsjahre ergänzt:
*„Nach Rückversetzung zum Artilleriedepot, die wegen äußerst umfangreicher Munitionsanfertigungsarbeiten notwendig war, hat er mit größter Pflichttreue, Zuverlässigkeit und Pünktlichkeit (...) vermöge seiner ausgezeichneten Vorbildung, seiner vorzüglichen Kenntnisse nicht nur auf militärischem Gebiet Hervorragendes geleistet. Seine umfassende Allgemeinbildung, seine Strebsamkeit, sein Pflichteifer und seine ausgezeichneten Charaktereigenschaften befähigen ihn zur Übernahme und restlosen Ausfüllung eines jeden Postens; er kann in jeder Hinsicht bestens empfohlen werden.“*

# 11. Der gemeinsame Lebensweg

Die Lebenserinnerungen meines Vaters enden, aus meiner Sicht „leider“, mit dem Beginn des gemeinsamen Lebensweges im November 1916 und dem Bezug der ersten gemeinsamen Wohnung in Ludwigsburg. Die letzten Sätze deuten aber ganz eindeutig darauf hin, was ihr weiteres Leben immer bestimmt und sich in der Zukunft auch bestätigt hat:
*„Wie schön war doch unser junges Glück, das mit den Jahren nicht schwächer sondern nur reifer wurde. Beide waren wir im Grunde Streber, die ohne viel darüber zu reden, im Leben vorwärts kommen wollten. Wir konnten uns sehr bescheiden, um dafür, wenn es darauf ankam, nach außen als ein gut situiertes Paar aufzutreten.“*

Das junge Glück dauerte nur knapp zwei Jahre – und das waren paradoxerweise Kriegsjahre.
Immerhin, die Beiden hatten ihr wichtigstes Ziel erreicht: sie hatten sich, eine Wohnung und ein geregeltes Einkommen. Dieses betrug zwar nur 210.- Mark, wovon die Drei-Zimmer-Wohnung schon 90.- Mark verschlang, aber für sparsame Schwaben reichte es schon irgendwie. Zum Glück hatten sie neben dem Baren auch noch etwas an „Realien“ zum Direktverzehr aus der Landwirtschaft in Sontheim. Mein Vater erzählte gern, wie am Monatsende die Zauberstunde stattfand, die Zählung der Barschaft. Das war die große Stunde meiner Mutter, die zur Verblüffung ihres Hermann einen Fünfer nach dem anderen unter der Bettdecke hervorzauberte. Sie liebte es, solche Szenen zu arrangieren und ich kann mir ihr spitzbübisches und triumphierendes Gesicht so gut vorstellen, als ob ich dabei gewesen wäre.

*„Unser schöner Traum war bald zu Ende: November 1918 war der Krieg aus und Deutschland besiegt*!!!" so schreibt meine Mutter in ihrem Lebensrückblick am 57sten Hochzeitstag, *„keine Berufsaussichten für Hermann mehr".*

Nachdem am 9.11.18 Kaiser Wilhelm II abgedankt hatte, tat dies auch mein Vater, was damals natürlich ohne Abfindung über die Bühne ging. Über die Gründe für seinen Berufswechsel habe ich ja schon berichtet. Anfang 1919 bekam er eine Stelle als kaufmännischer Angestellter bei „Eisemann-Werke A.G." in Stuttgart, wo er zehn Jahre früher schon einmal ein halbes Jahr hospitiert hatte. Zwischendurch hatte er sich auf ein Kriegsabitur vorbereitet, doch dazu fehlten ihm die finanziellen Mittel, denn seit dem 1.1.1919 war ein neues Familienmitglied zu ernähren: Eberhard, das erste Kind meiner Eltern war geboren; leider ist er schon neun Monate später an schwerer Diphtherie gestorben, als Kriegsfolge, wie meine Mutter hinzufügte.

Wie mein Vater schreibt, hat ihm seine doppelte, wenn auch unvollendete Ausbildung zu seinem Fortkommen viel genützt. Das mag zunächst etwas überraschend erscheinen, aber sein Dienst bei der Wehrmacht war ja in den Jahren vor dem Krieg ein intensives Lernen auf vielen technischen Gebieten gewesen und war einem Ingenieur-Studium durchaus vergleichbar.
Das mag durchaus stimmen, aber aus meiner Sicht sind es vor allem Vaters Charaktereigenschaften, die zu seinem steilen beruflichen Aufstieg den größeren Teil beigetragen haben.

Der Frieden war angebrochen, aber was für ein Frieden! Die *„unmenschlichen Waffenstillstandsbedingungen, die Fortdauer der Blockade und damit die Aushungerung Deutschlands, ungeheure Reparationsleistungen"* trugen bereits den Keim des nächsten

Krieges in sich. Stichwortartig schreibt mein Vater in seinem Lebenslauf, wie Soldaten in Zivil darunter auch er, mit roten Abzeichen und Strohhüten mit roten Bändern blutige Ausschreitungen verhindern konnten und die noch vorhandenen Zeughausbestände Tag und Nacht bewachten, bis sich wieder Ordnung einstellte, nachdem Ende des Jahres die kämpfende Truppe wieder zurückgekehrt war. Soldatenräte, Ausrufung der Republik, die später die „Weimarer" genannt wurde, Dolchstoßlegende, erpresste Anerkennung der Alleinschuld am ersten Weltkrieg durch Deutschland, das sind einige seiner Stichworte, zu denen, wer will, überall weitere Details finden kann.

Im Leben meiner Eltern ging es nicht weniger turbulent zu. Seine neue berufliche Stellung in Stuttgart erforderte zunächst einen Umzug dorthin. Dort wurde am 22.2.1920 die Tochter Anneliese geboren, doch meine Mutter konnte sich kaum erholen, denn inzwischen hatte man endlich erkannt, dass die „nervösen Magenschmerzen" von einem ernsten Magengeschwür herrührten, das schon im März 1920 im Cannstatter Krankenhaus samt dem größeren Teil des Magens entfernt werden musste. Danach sei sie so geschwächt gewesen, dass sie an Krücken laufen musste, was bei gerade mal noch 83 Pfund ja auch kein Wunder ist.
Während es bei meinem Vater schnell aufwärts ging, bereits nach drei Jahren war er Einkaufsleiter einer Fabrik mit 400 Beschäftigten, ging es in Deutschland weiter bergab: wachsende wirtschaftliche Schwierigkeiten, Arbeitslosigkeit, Hunger, Rohstoffmangel, Inflation, Entwertung der Reichsmark und Einführung der Rentenmark: eine Billion (= 1000 000 000 000) Reichsmark werden zu 1.- Rentenmark, und z.B. eine Semmel kostete zuletzt 3 Milliarden Reichsmark – was sich hinter diesen Stichworten an täglichen Katastrophen für die Menschen verbirgt, kann man sich selbst mit größter Phantasie wohl nicht ausmalen.

Als ein Beispiel erwähnt meine Mutter die Lage ihrer Eltern. Ihr Bruder Eberhard, der das elterliche Geschäft führte, hatte sich *„in seiner naiven Gutgläubigkeit von Heilbronner Bankleuten zur Unterschrift von Gefälligkeitswechseln überreden lassen, die nach der Geldentwertung von den Eltern eingelöst werden mussten. Der große Lagerkeller mit vielen vollen Weinfässern wurde gepfändet, wertvolle Grundstücke mussten verkauft werden; die unschuldigen, ehrlichen Eltern standen vor dem Konkurs. Dieser konnte durch Hermanns zähes Verhandeln mit den Gerichten wohl abgewendet werden, aber die Eltern, die uns jahrelang großzügig unterstützt hatten, brauchten nun Unterstützung von uns. Ich sehe heute noch das Gesicht meines weinenden Vaters, als er von uns die ersten hundert Mark annehmen musste. All diese vielen Sorgen setzten sich nicht in die Kleider; nur langsam und unter vielen Entbehrungen ging es wieder aufwärts.“*

Aufwärts ging es offenbar auch in der „Gretchenfrage“. Wem dies verwunderlich erscheint, sei gesagt, dass für die in Glaubenssachen außerordentlich hartnäckige Johanna diese Frage mit der katholischen Hochzeit und der - ich vermute bedingungslosen – Einwilligung meines Vaters in alle daraus folgenden Erziehungspflichten der Kinder noch nicht restlos geklärt war. Sie wollte den „totalen Sieg“, also den Übertritt meines Vaters zum katholischen (einzig seligmachenden) Glauben. Allerdings war sie von diesem Ziel noch weit entfernt, es sollte sich erst erfüllen, als mein Vater schon pensioniert war und inzwischen längst „über den Dingen“ stand.
Das Wort „Sieg“ in diesem Zusammenhang mag vielleicht etwas befremdlich klingen. Ich glaube mich aber nicht zu täuschen, dass meine Mutter schon etwas von dem „rauschenden Missionsblut“ in den Adern hatte, das zu ihrer Zeit ja eine Vielzahl von geistlichen und weltlichen Kämpfern für den vermeintlich rechten Glauben in alle Welt hinaus geführt hat und das sich ex definitione nicht mit

Toleranz paaren konnte. Insofern hatte sie wohl auch nicht ihren Sieg vor Augen, sondern das Seelenheil ihres Hermann.

Um dem etwas nachzuhelfen, unternahm sie mit ihm im „Heiligen Jahr 1925“ eine erste Pilgerreise nach Rom. Mein Vater war dazu sicherlich leicht zu überreden, denn er war ein glühender Verehrer vor allem des alten Roms und der römischen Kultur; eine dreibändige „Römische Geschichte“ in seiner Bibliothek zeugt davon.
Da das Geld auch für ein so hehres Ziel äußerst knapp war, fand sie irgendwie heraus, dass es eine Möglichkeit zu einer billigen Einzelreise gäbe, wenn man das Angebot „prima vera“ mit dem Ziel Sizilien buche, und einfach in Rom hängen bliebe. Ebenso bekam sie die Adresse eines deutschen Klosters in Rom, das sie anschrieb und die Antwort erhielt, sie könnten gerne kommen, man werde schon für sie sorgen.
*„Das war zu verlockend für uns“,* schreibt sie in ihrem Erlebnisbericht, *„eifrig lernten wir ein paar Brocken italienisch und nach vier Wochen ging's voller Erwartung los: München – Rom – Neapel. In Verona bestanden wir die Probe unseres gelernten Italienisch; der Zug hatte fünf Minuten Aufenthalt und Papa schrie: due cafes. Der Schaffner darauf auf deutsch: sie haben Zeit, es reicht Ihnen gut. Um so lauter schrie Papa und bemerkte in seinem Spracheifer gar nicht, dass der Mann deutsch redete. Allseits fröhliches Lachen! In Genua, wo wir übernachteten gingen wir ziemlich hungrig ins Bett, denn das „bollo alla Milanese“ bestand aus etwas Huhn in dicker Zwiebelsoße. Zuvor „deuteten“ wir in einem noch offenen Geschäft auf ein gebratenes Hühnchen, kauften und tranchierten es auf unserem Zimmer, es sollte der Proviant auf der Strecke nach Rom sein. „Doch mit des Geschickes Mächten...“ das knusperige Hähnchen wurde sorgfältig eingewickelt, die Knochen natürlich auch, sie waren zum Wegwerfen im Abort bestimmt. Im Eifer verwechselte Hermann die beiden Päckchen: die Knochen für die Reise, das Huhn im Abort... Mein Loblied*

*könnt Ihr Euch denken. Unser Zug fuhr um 8 Uhr, wir hatten keine Gelegenheit mehr etwas zu kaufen und einen Speisewagen gab es nicht, also hieß es hungern. Zwei noble Italiener saßen in unserem Wagen, packten ihren sorgfältig eingewickelten Reiseproviant aus und ließen sich's schmecken. Ich glaube, sie sahen uns den Hunger an und boten uns bereitwillig von ihrer Mahlzeit an, wir ließen es uns auch schmecken und auf der ganzen Reise hatten wir mit ihnen ein lustiges Kauderwelsch auf italienisch und deutsch.*
*In Rom brachte uns ein Taxi zu dem Kloster; wir sagten, wir hätten uns bei Pater Pfeifer angemeldet und er habe uns geschrieben, wir sollten ruhig kommen. Der Pförtner war überrascht, dass wir von seinem höchsten Ordensgeneral nur von „Pater Pfeifer" sprachen, was wir selbst bis dahin nicht gewusst hatten. Der Pförtner brachte uns zu ihm und wir wurden sehr freundlich vom Herrn General (es war ein Schwabe) empfangen. Er rief einen Pater und sagte zu ihm, es solle uns während unserer ganzen Zeit in Rom betreuen; wir waren sprachlos.(...) Am anderen Morgen erwartete uns der Pater um halb acht Uhr an der Pforte und ging mit uns zur nahen, noch leeren Peterskirche, dort in eine verschlossene Seitenkapelle, wo der Papst täglich eine stille Messe zelebrierte. Kaum hatten wir Platz genommen, als der Papst mit einigen Klerikern erschien, wurde von ihnen eingekleidet und las, wie jeder kath. Priester eine Stille Messe. Wir saßen bzw. knieten kaum 10 Meter von ihm weg, außer uns nur noch einige Geistliche. Ich weiß nicht mehr, ob ich etwas beten konnte, ich war nur „dabei", die Welt war mir versunken. Nachher, beim Frühstück im Kloster, sagten wir zu zwei deutschen Pfarrern, dass wir eben von einer Papstmesse kämen; an ihrem sprachlosen Erstaunen merkte ich, dass sie uns entweder für irrsinnig oder für etwas Besonderes hielten. Unser Pater Taddäo, der uns als Führer täglich zur Verfügung stand, zeigte uns viel Interessantes und immer ging er mit uns in anderer Richtung als der Pilgerstrom. Abends saß er noch*

*bis 11 Uhr mit uns im Klostergarten, natürlich bei einem guten Glas Wein.“*

Man kann daraus, glaube ich, ganz gut sehen, welche zentrale Rolle der Glaube, ein kindlicher aber gleichzeitig unbedingter Glaube, in ihrem Leben spielte.

Doch nach diesem römischen Intermezzo wartete schon allzu bald der nächste Schicksalsschlag:

*„1926 lebten wir einige Monate in guter Hoffnung auf ein Brüderchen für Anneliese, leider nur fünf Monate. Ich bekam eine seltene, rätselhafte Schwangerschaftsvergiftung, mein ganzer Körper war dunkelrot, ein einziges „Muttermal“. Die Ärzte wollten die Schwangerschaft unterbrechen, weinend bat ich, mir das Kind zu lassen. Unter unsäglichen Qualen hielt ich durch, bis dann im siebten Monat das Kind, zur Welt kam, leider nur fünf Stunden lebte. Und dafür musste ich so viel leiden!“*

Doch die bisher so gar nicht „Goldenen Zwanziger“ brachten dann zum Ende des Jahrzehnts große persönliche Erfolge. Mein Vater bekam im Juni 1927 von der Robert Bosch GmbH, die kurz zuvor die Eisemann-Werke übernommen hatten, das Angebot, die bisherige Eisemann-Zweigstelle in Leipzig als Geschäftsleiter zu führen. Obwohl seine Hanna zu der Zeit nach den gerade überstandenen Strapazen noch kaum wieder richtig auf den Beinen stehen konnte, nahmen sie die Gelegenheit wahr. Er lebte erst einmal vier Monate allein in Leipzig, dann konnte sie nachkommen. Die erste Wohnung war noch ziemlich primitiv ( mit Außenklo, was wohl heißen soll: Gemeinschaftsklo am Treppenabsatz); drei Jahre später erhielten sie dann eine Neubauwohnung.

Über die Zeit in Leipzig kann ich wenig berichten, da beide darüber nichts geschrieben haben und ich mich auch an keine Erzählungen erinnern kann. Ein einziges Datum ist von Vater festgehalten: September 1927 erstes Geschäftsauto.
In der neuen Wohnung hatten sie sich noch kaum richtig eingerichtet, da bekam mein Vater ein neues Angebot: die Leitung des Robert-Bosch Verkaufshauses München zu übernehmen. Dieses verlockende Angebot konnten sie nicht ausschlagen, München war ja außerdem die Stadt ihrer Träume. Das war 1931, mein Vater stand im Alter von 39 Jahren vor der Krönung seiner Karriere. *„Wir konnten es kaum fassen, wir waren selig“,* schreibt meine Mutter.
Damit war wieder ein Umzug zu bewältigen, und es sollte noch lange nicht der letzte sein.

Die Suche nach einer Wohnung in München, das sich gerade zur „Hauptstadt der Bewegung“ zu mausern begann, gestaltete sich schwierig. Die Eltern hatten sich auch auf eine der schönsten Gegenden Münchens an der Isar festgelegt, man konnte sich ja jetzt etwas leisten. Bei dem immer noch sehr labilen Gesundheitszustand meiner Mutter stellte man die Möbel erst einmal unter und zog zunächst in ein Studentinnenheim an der Bruderstraße, um sich in Ruhe in München umsehen zu können. Nach einem halben Jahr bezogen sie im Frühjahr 1932 eine sehr schöne Wohnung in der Wiedemayerstraße 6, direkt an der Isar. Doch in der ersten Begeisterung über diese Traumlage merkten sie nicht, dass diese mit einem ständigen Rauschen vom gegenüber liegenden Wehr verbunden war, an das sich meine Mutter nicht gewöhnen konnte. Schweren Herzens entschlossen sie sich zum Auszug.

Im Frühjahr 1934 zogen sie in eine ruhige Wohnung in der Öttingenstraße, direkt am Englischen Garten, wo sie zwei glückliche Jahre verlebten und wo sie bald zu viert waren, denn *„am*

*18.9.1934 wurde unser sehnlichster Wunsch erfüllt: Anneliese bekam ein Brüderchen!"*, so die Kurzfassung des Ereignisses nach den Worten meiner Mutter in ihrem Rückblick. Es gibt aber auch eine Langfassung in dem schon erwähnten ledergebundenen Goldschnittbuch; aus diesem möchte ich nun einige Passagen im Originalton meiner Mutter übernehmen.

# 12. Der Bub

*„Ja, ein Junge ist dieses heißersehnte und langerwartete Wunschkind geworden, wie damals Anneliese nach Wunsch ein Mädel wurde.(...) Kaum können wir es fassen, dass uns nach 18jähriger Ehe noch einmal solch ein Glück zuteil wird. Die letzten 4 Monate waren zwar ein einziger schwerer Opfergang, doch das ist alles vergessen! (...)*

*Gestern, Dienstag den 18. September 1934 um 10 Uhr 10, ein wunderbarer Herbsttag, kam Hermann-Friedrich zur Welt. Er scheint von der Art seines Vaters zu sein: eine wichtige Sache erst gründlich überlegen, dann aber rasch entschlossen zu handeln, denn zwei Tage ließ er sich Zeit und plagte seine Mutter tüchtig, dann aber verließ er mit elementarer Gewalt den schützenden Mutterschoß. Es ist ein kräftiger Junge von sieben ein halb Pfund mit blauen Augen und hellblonden Haaren.*

*21.9.: der Kleine macht gute Fortschritte, er scheint ein Genießer zu werden: er lässt sich durch nichts in seiner Andacht beim Trinken stören, aber ebenso behaglich genießt er nachher die Ruhe. Er wird deshalb und wegen seines molligen Aussehens von den Schwestern in der Klinik der „Herr Prälat“ genannt.*

*22.9.: Heute wurde der Junge getauft. Die Feier hat mich tief ergriffen, sie brachte mir unser großes Glück erst recht zum Bewusstsein. Hermann-Friedrich ließ sich auch hier nicht aus der Ruhe bringen, er rührte sich während der ganzen Feier nicht. Nachher hielt ich ihn in meinen Armen und drei glückstrahlende Gesichter beugten sich über uns: Papa, Anneliese und Luzi, unser Pflegesohn. Jetzt konnten wir das Kind zum erstenmal mit Muße betrachten, da es mir sonst nur zum Stillen gebracht wird. Ich bin glücklich, dass ich den Buben stillen kann, mit jedem Tropfen Muttermilch möchte ich ihm viel, viel Gutes einflößen. In diesem Sinne habe ich heute früh auch die heilige Kommunion empfangen. Nach der Taufe schenkte mir Hermann einen schönen Ring, er soll uns immer erinnern an die tiefe, heilige Liebe, aus der wir dem Kind das Leben gegeben haben. Mögen mir die Augen des Kindes immer so klar sein wie die Brillianten in dem Ring! Gebe Gott, dass der Junge im Leben allen inneren und äußeren Stürmen, denen leider jeder ausgesetzt ist, standhält und jederzeit unerschütterlich „ich glaube und ich widersage" bekennen kann!"*

Ich möchte das einfach kommentarlos so stehen lassen.

Die Erwartung meiner Mutter, mit mir nach 10 Tagen die Klinik verlassen zu können, ging nicht in Erfüllung; sie bekam in der Nacht eine Lungenembolie und war mehrere Tage und Nächte *„am Rande des Grabes. Ich flehte inbrünstig zum Allmächtigen: Lass den Kelch an mir vorübergehen, erhalte mich den Meinen". Was sollten sie auch ohne Mutter anfangen? Gott sei Dank ging der Kelch vorüber!"*
Doch kaum war die Gefahr überstanden, stellte sich am linken Oberschenkel eine Thrombose ein.
*„17.10.: langsam werde ich kräftiger, bin seit zwei Tagen fieberfrei und kann, wenn es so bleibt, vielleicht doch in einigen Tagen heimgebracht werden, wo ich freilich wahrscheinlich noch lange liegen muss."*

Diese wenigen Eintragungen meiner Mutter in ihr „goldenes Buch" mögen genügen. Ich will ja das Leben meiner Eltern beschreiben, nicht das meine, wenngleich ich da natürlich hineingehöre. Aber ich gehe auch davon aus, dass die Empfindungen meiner Mutter nicht so ganz anders sind als die anderer Mütter, und so will ich mich auf die wesentlichen Ereignisse in ihrem Leben konzentrieren.

Als nächstes Ereignis stand schon wieder ein Umzug an. Die Hausbesitzer der Wohnung in der Öttingenstraße kündigten wegen Eigenbedarfs. Die Eltern schienen diesmal vom Glück begünstigt, sie fanden in der Königinstraße im Englischen Garten eine herrlich gelegene Wohnung, die zwar „ziemlich verwahrlost war". Doch nachdem sie hergerichtet war, konnten sie nur ein halbes Jahr darin wohnen. Es passierte Ähnliches, was schon meinem Vater widerfahren war, als er einst seinem König im Wege war. Jetzt war es der Führer, der den Befehl gegeben hatte: die Königinstraße muss verbreitert werden; die Umgestaltung Münchens als Aufmarsch- und Paradestadt war in vollem Gang. Auch das Haus, in dem sie wohnten, wurde abgerissen.

*„Ende 1936: unser schöner Traum war aus, neue Wohnungssorgen und was noch schlimmer war, die Angst vor einem neuen Krieg machten sich breit".*
Also ein neuer Umzug, und noch dazu im selben Jahr. Diesmal ging's in die Mauerkircherstraße 12, auf der anderen Seite der Isar. Aber auch da ging nichts glatt: kaum war die Renovierung fertig, mussten die Eltern die Tochter Anneliese ins Krankenhaus bringen: Blinddarmoperation. Als hätte mein Vater auf dieses Signal gewartet, legte er sich drei Tage später ebenfalls wegen Blinddarmentzündung in dasselbe Krankenhaus. Na ja, Blinddarmoperation, ist doch meist harmlos! Mitnichten. Bei Anneliese ging alles gut, bei meinem Vater nicht, er bekam hohes Fieber am dritten Tag, Embolie! Meine arme Mutter wachte vier Nächte abwechselnd bei Tochter und Mann. Tagsüber musste sie umziehen, *„heute weiß ich nicht mehr, wie das möglich war. Das Wort bewahrheitete sich an mir: „mit den Aufgaben wachsen die Kräfte".*

Die Eltern waren schließlich des Umziehens leid und beschlossen, dem ein Ende zu machen. Jetzt träumten sie von einem eigenen Haus, *„ja wir träumten".*

Wie diese Träume Wirklichkeit wurden, hat sie in dem Buch „Unser Haus in Solln, Hackländerstraße 6“, beschrieben.

Allerdings liegt davor noch so eine Art Gesellenstück in Sachen Bau, das meine Mutter als Architekt im eigenen Auftrag abzuliefern hatte.

# 13. Das Paradies „Steinebach“

Die Tochter Anneliese war inzwischen zu einem „Backfisch“ herangewachsen, heute würde man sagen: Teenager. Meine Mutter wusste das strategisch gekonnt auszunutzen; sie beschwor meinen Vater, wenigstens ein noch so kleines Grundstück an einem See zu kaufen, wo die inzwischen erblühte Tochter ohne Gefährdung der öffentlichen Moral ins Wasser gehen konnte. Mein Vater gab der Argumentation seiner Hanna fast immer nach, auch in diesem Fall, obwohl ja eigentlich ein eigenes Haus die höchste Priorität hatte.
Und es fand sich ein kleines Grundstück am See, das für Kinder und Enkel über fast vier Jahrzehnte zum wirklichen Paradies werden sollte: Steinebach am Wörthsee.
Es war ein steiles Hanggrundstück in der Mitte des Ostufers, nur 35 km südwestlich von München gelegen, das mit relativ wenig Geld zu erwerben war, weil es eigentlich als unbebaubar galt. Doch meine Mutter kannte sich ganz gut aus ihrer „Wengerter-Vergangenheit“ mit solchen problematischen Geländeformationen aus und beschloss, auf dem Steilhang eine Terrasse zu schaffen, auf der wenigstens ein kleines Häuschen gebaut werden könnte. „Unmöglich“ hieß es erst, aber sie war zäh und konnte mit ihrem Wissen auch die Steinebacher Handwerkerzunft zu Verbündeten gewinnen: man wagte das Unmögliche und gab nach. Das „Haus Hanna“ wurde nach ihren Plänen geboren.
Das war 1936, Anneliese war 16 Jahre alt, der Erbhofbauer, wie ich später oft genannt wurde, zwei Jahre alt. War die schon langsam fast heiratsreife Anneliese nicht doch mehr Vorwand für die Anschaffung, die mit 800.- Mark ja auch nicht viel mehr als ein paar Butterbrote gekostet hatte? Tatsache ist, dass die Tochter nicht allzu viel von Steinebach hatte, umso mehr hatte der Sohn Hermann-Friedrich davon!

Ich meine, Steinebach ist für unsere Familie ein Solitär besonderer Kraft und Prägung gewesen, dass ihm eine eigene Laudatio gebührt. Ich hoffe, es ist mir vergönnt, diese noch als filmisches oder literarisches Dokument hinterlassen zu können. Hier will ich es bei einigen Farbtupfern belassen.

In Steinebach waren meine Mutter und ich vor allem während des Krieges meist das halbe Jahr über, von Mai bis Ende September. Das ja anfangs nur als Badehütte gedachte Holzhaus wäre im Winter nicht zu heizen gewesen, da herrschten dann die Mäuse, und im Frühjahr war es immer meine erste Aufgabe, die Mausefallen zu entsorgen, denn meine Mutter, die sonst eine tapfere, unerschrockene Frau war, ängstigte sich vor Mäusen, auch vor toten.

Ja, wo anfangen, wo aufhören mit den Steinebacher Geschichten? Es gäbe Stoff genug für ein eigenes Buch. Unsere Kinder haben es ja selbst als ihr Kinder- und Jugend-Eldorado erlebt und ihr Herz ist sicher ebenso voll wie meines; nur die Enkel kennen es allein vom Hörensagen, doch die haben ihre eigenen Paradiese.

Wenn ich jetzt das Kapitel Steinebach erst einmal überschlage, will ich doch die naheliegende Frage beantworten, was aus dem Paradies geworden ist.

Meine Eltern haben sich im Alter auf ihr Haus in Großhesselohe, von dem noch die Rede sein wird, zurückgezogen und das „Haus Hanna“ dem „Erbhofbauern“ geschenkt, der es mit seiner Familie ein gutes Jahrzehnt in vollen Zügen genutzt und genossen hat. Doch mit der Krankheit und Behinderung seiner Frau war es nicht mehr zu halten und wurde, wenn auch schweren Herzens verkauft. Der Erlös daraus ermöglichte es uns aber, dass wir bis ins Jahr 2002 unser in Steinebach begonnenes Hobby Segeln mit eigener

Segelyacht fortsetzen und ausbauen konnten und von Italien über Frankreich, Spanien, Balearen, Sizilien, Malta und Korfu fast das ganze Mittelmeer durchpflügten.

Jedenfalls war das „Haus Hanna“ das erste eigene Häuschen meiner Eltern, aber sie hatten ja größeres im Sinn. Des Umziehens leid, wurde also ein Haus in München gesucht, gefunden, umgebaut und bezogen – die Reihenfolge müsste eigentlich heißen: gesucht, gefunden, bezogen und umgebaut, denn der fast zeitgleich begonnene zweite Weltkrieg hat ja Vieles durcheinandergebracht. All dies erzählt meine Mutter in ihrem Buch m.E. so packend und lebendig, dass ich ihr noch einmal die Feder in die Hand drücke und auf eigene Anmerkungen weitgehend verzichten will.

# 14. Das Haus in München-Solln

*(Aufzeichnungen meiner Mutter)*

*„Mir scheint es fast, als hätten wir das Haus unter einem Unstern gekauft, denn bis jetzt sind es nur Verdruss und Schwierigkeiten, die wir damit hatten. Ich hoffe zuversichtlich, dass es nur an den unseligen Zeitverhältnissen liegt und wir doch in absehbarer Zeit glücklich in unserem Haus wohnen können – nur diese Hoffnung gibt mir Kraft, mit all den Schwierigkeiten, so gut es eben geht, fertig zu werden, sonst wäre ich schon längst verzweifelt. Auf Wunsch meines Mannes will ich versuchen, Einzelheiten fest zu halten; später könnte es für die Kinder doch interessant sein.*

*Schon lange war es unser Wunsch, ein eigenes Haus zu haben, mit dem die Kinder und wir verwachsen könnten, aber dazu gehört in erster Linie Geld. Durch Sparen und bescheidene Haushaltführung kam langsam doch ein Tausender zum anderen und die Erfüllung unseres Wunsches rückte immer näher. Natürlich wollten wir unser Haus selbst bauen, so, wie wir es uns wünschten. Aber schon seit Jahren ist das Bauen so erschwert, dass wir diesen Plan fallen lassen mussten. Es gab weder Holz noch Eisen ohne „Kennziffer", und wenn man diese Kennziffer nach Monate langem Warten und Laufen von einer Behörde zur anderen vielleicht bekommen hätte, dann war alles so ausgerechnet, dass man eher ein großes Puppenhaus als ein gemütliches Einfamilienhaus damit bauen konnte. Nicht einmal Eisen für die Zentralheizung wurde genehmigt, viel weniger große, gemütliche Räume, wie wir sie wollten. Also blieb nichts anderes übrig, als mehrere Makler zu beauftragen und ein fertiges Haus zu suchen. Erst war es uns damit nicht eilig, als aber letzten Endes die Kriegspsychose immer stärker wurde, suchten wir doch recht eifrig nach einem wenigstens einigermaßen pas-*

*senden Objekt. Es zu finden wurde immer schwerer, wir waren schon recht bescheiden geworden.*
*Endlich, Ende Februar 1939, wurde uns dieses Haus angeboten; der Preis war annehmbar (39.000.- Reichsmark + 4% Maklergebühren), Lage ideal – Solln ist einer der schönsten Villen-Vororte von München. Freilich musste das Haus ganz modernisiert werden, nach Lage der Dinge schreckte uns dies nicht ab, obwohl wir das Sprichwort kannten: „wer Geld hat und ist saudumm, der kauft ein altes Haus und baut's neu um".*

*So alt war das Haus ja auch nicht.*
*Also: es wurde am 16. März verbrieft; aber damit gehörte es uns noch lange nicht, denn nach dem Gesetz muss jeder Kauf eines Grundstücks erst behördlich genehmigt werden. Wer das Tempo der Behörden kennt, weiß, was das heißt. Monat um Monat vergingen, die Gewitterwolken am politischen Himmel wurden immer drohender, und das Haus war noch nicht genehmigt. Endlich, Anfang August, konnten wir erfahren, das Gesuch habe „ohne Erinnerung" alle Instanzen durchlaufen und liege jetzt nur noch bei der Preisprüfungsstelle, wo es wohl kaum beanstandet werde.*
*Die Handwerker, die schon seit März beauftragt waren, wurden also mobilisiert; am 15. August wollte der bisherige Besitzer räumen, doch leider war ihm dies dann erst am 26. August möglich. So schnell wie möglich sollte mit dem Umbau begonnen werden, am 1. Oktober wollten wir einziehen. „Doch mit des Geschickes Mächten..... und das Unheil schreitet schnell"!*
*Zwischen Hoffen und Bangen verbrachte man die Augustwochen; nein, niemand hielt es für möglich, dass wieder Krieg kommen sollte, da, am 25. August kam für Papa der Stellungsbefehl: sofort in Ingolstadt melden!*
*Selbst dann hoffte man noch, der Krieg war ja noch nicht erklärt.*
*Am 26. August wurde endlich das Haus leer und sofort mit dem Umbau angefangen. Das erste war, im Wohnzimmer und in der*

*Küche die Wände einzureißen, da die beiden Räume vergrößert werden sollten. Kaum war dies geschehen und in den Parterre-Räumen nur ein großer Trümmerhaufen, da wurde das Unfassbare wahr: Krieg!!!*
*Ein Handwerker nach dem anderen bekam seinen Stellungsbefehl oder wurde zum Fertigmachen von Kasernen oder ähnlichen Bauten abkommandiert. Jeder hatte eigene Sorgen, keiner hatte mehr Interesse an mir und meinem Haus. Ich sagte: „meinem Haus", weil ich ja alles alleine durchfechten musste seit Papa eingerückt ist. Von allen Seiten wurde mir geraten, die Möbel so schnell wie möglich in irgendeinem Raum des Hauses einstellen zu lassen, da täglich nur noch mehr Leute und Fahrzeuge eingezogen wurden und die Gefahr bestand, nachher überhaupt niemand zum Umzug zu bekommen.*
*Tatsächlich kam es nachher auch so.*
*Also beschwor ich den Direktor von Schenker & Co., mir doch zu helfen und den Umzug schnell durchführen zu lassen. Wenn Papa nicht in so guter Geschäftsverbindung mit Schenker gestanden hätte, wäre es ganz ausgeschlossen gewesen, aber so konnte man mir's doch nicht abschlagen. Freilich war's kein Umzug wie in normalen Zeiten, ich bekam keinen Packer, auch die Träger waren nicht so gewissenhaft wie sonst, sogar mürrisch, jeder war halt zu sehr mit dem Krieg und seinen eigenen Sorgen beschäftigt.*
*So musste ich mit dem Mädchen viele und schwere Arbeit selber machen.*
*Schließlich wurden wir doch mit dem Packen fertig. Aber eben war der Möbelwagen gepackt, als der Briefträger ein Schreiben vom Bürgermeister in Steinebach brachte, worin er mir mitteilte, unser dortiges Häuschen sei für Flüchtlinge beschlagnahmt.*
*Was nun? Zunächst war geplant, dass ich mit den Kindern in unserem Häuschen wohnen sollte, bis wir hier ein gemütliches Heim hatten. Ich konnte in Solln doch kaum die Möbel einstellen,*

*viel weniger wohnen, an ein Kochen nicht zu denken, die Küche war ja nur ein Trümmerhaufen.*
*Nach vielen aufregenden Auseinandersetzungen mit dem Steinebacher Bürgermeister wurde uns endlich durch Vermittlung von Staatsminister Wagner genehmigt, so lange in unserem Häuschen bleiben zu können, bis wir hier notdürftig wohnen konnten. Ich ließ nun die Kinder in Steinebach; Anneliese konnte sowieso noch nicht viel helfen, denn am Tag vor Kriegsausbruch kam sie erst aus dem Sanatorium Bad Orb, wo sie wegen einer Herzgeschichte zwei Monate war.*
*Ich machte mir und dem Mädchen ein Notlager in unserem Haus. Dann halfen wir dem einen (!) Maurer, der noch da geblieben war, von früh bis es dunkel wurde, um wenigstens den oberen Stock wohnlich zu machen. Im Bad wurde eine Notküche eingerichtet, wo man wenigstens ein bisschen etwas kochen konnte, die unteren Zimmer blieben, was sie seit Kriegsausbruch waren: ein wüstes Durcheinander!*
*Selbst wenn die Handwerker nicht abgerufen worden wären, hätte ich unten nicht weiter arbeiten lassen können, denn ich wusste ja nicht, womit ich den Umbau bezahlen sollte. Seit dem 25. August, als Papa einrücken musste, hatte er keinen Anspruch mehr auf Gehalt; die Unterstützung vom Staat war auf 90.- Mark im Monat festgelegt, womit sollte ich dann noch größere laufende Rechnungen, die wir bei fortlaufendem Einkommen leicht hätten bezahlen können, begleichen?*
*Alle Bekannten, selbst Papa, der mal aus Ingolstadt kam, sagten: alles einstellen bis man klar sieht.*
*Das war nicht schwer, denn außer dem einen Maurer war sowieso kein Arbeiter mehr zu haben. In meiner Sorge kündigte ich sogar dem Mädchen, denn ich wollte sparen, wo ich nur konnte.*
*Bei den ungewohnten Handlangerarbeiten beim Maurer muss ich mich am Finger verletzt haben, denn eines Nachts konnte ich es vor Schmerzen nicht mehr aushalten, ich läutete noch einen Arzt*

*heraus und nur durch sein rasches Eingreifen wurde das Schlimmste verhindert; er konstatierte Blutvergiftung, und noch wochenlang musste ich den Arm in der Schlinge tragen.*

*Nun hausten wir zwei Monate, wohnen konnte man es nicht nennen, recht und schlecht in unserem Haus, in dem wir uns das Wohnen so schön ausgemalt hatten!*
*Inzwischen klärte sich auch die allgemeine Lage, das heißt, man erkannte, dass der Krieg nicht, wie erhofft, bald aus sein würde. Im Gegenteil: selbst die Regierung stellte sich auf einen fünfjährigen Krieg ein. Ach, mich schaudert's bei dem Gedanken! Unser Herrgott wolle doch einen langen Krieg verhüten, es ist so schon Elend genug!*

*Jedenfalls musste ich alles versuchen, um das Haus fertig zu bekommen, denn wenn der Krieg länger dauerte, würde es mit Arbeitern und Material immer noch schwerer, wenn nicht überhaupt unmöglich. Die Firma Bosch gab mir den Bescheid, sie werde bis zum 1. Januar 1940 noch 85% des Gehalts ausbezahlen, abzüglich der staatlichen Unterstützung, die sich nach dem ersten Kriegsmonat auf 200.- Mark erhöht hatte. So waren in finanzieller Hinsicht meine Sorgen etwas kleiner.*
*Der Krieg in Polen war siegreich beendet, im Westen scheinen unsere Truppen vorläufig in der Defensive zu bleiben. Deshalb wurde mancher Handwerker wieder beurlaubt, aber trotzdem ist es ein Wunder, wenn man einen bekommt.*
*Leider ist es mir nicht möglich, alle Einzelheiten und Umstände aufzuzählen, unter denen es wieder einmal ein kleines Stück vorwärts ging. Nur so viel: oft habe ich mich fast hingekniet und unter Tränen den Meister angefleht, mir doch weiter zu helfen; meist taten sie es wirklich nur aus Mitleid mit diesem „Häufchen Elend", denn dass diese Wochen eine radikale Entfettungskur für*

*mich waren, lässt sich denken: bis auf einhundertzwei Pfund hab ich's gebracht.*
*Der Gedanke, vielleicht Jahre in dem halb fertigen Haus, ohne Küche und Bad leben zu müssen, war mir unerträglich. Nach vielem Hin- und Herlaufen nach Material oder Ersatz (Linoleum zum Beispiel gibt es gar keines mehr, weder Vorhänge noch Teppiche, viel weniger Badewanne oder Badeofen kann man mehr frei kaufen, alles ist beschlagnahmt), war es Mitte November endlich so weit, dass wieder ein paar Handwerker da waren.*
*Es war schon recht kalt, die Heizung musste wegen Reparatur für drei Wochen außer Betrieb gesetzt werden, ein Wohnen im alten Haus war also noch ungemütlicher als seither.*
*Deshalb und um meine angegriffene Gesundheit wieder zu kräftigen, wollte ich mit dem Buben vier Wochen nach Wörishofen fahren, Anneliese sollte inzwischen bei Bekannten in München wohnen. Inzwischen sollte der Großteil der Arbeiten hier fertig werden. Mit den Handwerkern war alles besprochen, die Koffer waren gepackt, am anderen Tag sollte die Reise losgehen, doch am Abend wurde der Bub krank, der Arzt stellte Scharlach fest. Anneliese musste ich wegen Ansteckungsgefahr ausquartieren und so war ich mit dem schwer kranken Kind allein in dem unwohnlichen Haus. Zehn Nächte kam ich nicht ins Bett, ich, die ich selbst Pflege gebraucht hätte.*
*Die Handwerker, auf die ich so lange vergeblich gewartet hatte, kamen nun alle in diesen schweren Tagen – und ich konnte doch keinen wegschicken!*
*Wie ich diese vier Wochen herum brachte, weiß ich selbst nicht mehr. Es scheint doch etwas Wahres an dem Wort zu sein: „mit den Aufgaben wachsen die Kräfte".*

*Maler, Tapezierer, Schreiner, Installateure, alle waren sie jetzt da, dazu keine Heizung, keine Kochgelegenheit, nur ein Zimmer, ein Spirituskocher, von allen anderen Schwierigkeiten nicht zu reden.*

*Und dann schneite es zwei Tage lang, der Schnee lag einen halben Meter hoch. In aller Frühe bahnte ich einen Weg, dass die Arbeiter wenigstens das Gartentor aufbrachten. Sonst kamen sie um 7 Uhr, aber bei dem Schnee kamen Straßenbahn und Omnibusse kaum durch, und so kamen die Arbeiter endlich um halb Zehn, obwohl sie seit sechs Uhr unterwegs waren. Bis sie dann ihre Werkbank und ihre Rohre aus dem Schnee ausbuddelten, hoffte man, sie könnten gegen Mittag endlich zu arbeiten beginnen, da brannte in der Heizung, wo die Leute zu tun hatten, kein Licht: die Schneelast hatte die Leitung gestört. Dann wieder konnte nicht gearbeitet werden, weil das Auto mit dem Material im Schnee stecken geblieben war. Ein kleines Auto, das eine Maschine bringen sollte, brauchte von acht Uhr früh bis halb vier von München bis Solln. Der Architekt konnte bereits seit Tagen nicht kommen und so ging es weiter: bald jede Stunde brachte neue Schwierigkeiten. Ein andermal war ein Knierohr nicht aufzutreiben; als es der Meister schließlich in einem Geschäft bekommen hatte, glitt er auf dem Weg aus und verrenkte den Fuß: nichts, gar nichts ging glatt. Und der Fliesenleger bekam am Tag, bevor er hier anfangen sollte, seinen Stellungsbefehl.*
*Nach einer neuen Verfügung war es den Architekten verboten, Maurer bei Privatbauten zu beschäftigen. So könnte ich noch manch schöne Dinge erzählen. Ich muss mich nur wundern, dass ich nicht zusammengebrochen bin, die Nerven waren doch immer bis zum Reißen gespannt.*

*Gott sei Dank geht es dem Jungen ordentlich! Es sind jetzt bald vier Wochen vorbei und die Gefahr einer Komplikation, die man ja nach Scharlach so sehr fürchten muss, wird immer geringer. Zehn Tage sind es noch bis Weihnachten und noch ist kein Fußboden in Küche und Bad. Wir hoffen, die gröbsten Arbeiten werden bis Weihnachten fertig – wir hoffen! Nach den Erfahrungen der letzten Wochen überrascht uns nichts mehr. Wie glücklich werden wir*

*sein, wenn es an Weihnachten bei uns endlich wohnlich ist und Papa einige Tage Urlaub bekommen soll! Freilich, die größte Sorge, der Krieg, steht nach wie vor hinter uns. Ich kann es manchmal immer noch nicht fassen, dass Krieg ist und noch viel weniger, dass er lange dauern soll. Der Krieg 1914-18 mit seinen fast zehnjährigen schrecklichen Nachwirkungen liegt noch zu nahe, deshalb macht man sich mehr Sorgen als früher.*
*Obwohl diesmal alles schon von Anfang an viel besser organisiert ist, fürchte ich doch, die Leute werden unzufrieden, wenn der Krieg lange dauert.*
*Vom ersten Kriegstag an sind sämtliche Lebensmittel beschlagnahmt und nur gegen Marken zu bekommen, ebenso Kleider, Schuhe usw.; auch Stoffe, sogar Stopfgarn. Vier Paar Strümpfe gibt es pro Jahr! Wegen Stopfgarn hatte ich auch ein aufregendes Erlebnis: da wir den ganzen Sommer in Steinebach wohnten, war dort auch der Flickkorb mit allen Fäden und Stopfgarn. Der Korb wurde vergessen, das Haus war mit allem Inventar für Flüchtlinge bereit gestellt, ich durfte nichts mehr herausholen, bekam aber hier auch kein Stopfgarn zu kaufen. Um ein Knäuel im Wert von fünf Pfennigen zu bekommen, wurde ich in einem großen Strumpfgeschäft von einer Verkäuferin zur anderen bis zuletzt zum Chef geschickt, der es ablehnte! Trotz der von mir geschilderten besonderen Verhältnisse: ich sollte mich an das Flüchtlingslager wenden! Für solche Kleinigkeiten hatte ich die Nerven nicht mehr.*

*Heute ist auch das überstanden. Ich fuhr nochmals nach Steinebach, holte mir die bei einem Vertrauensmann hinterlegten Schlüssel und nahm meinen Korb mit, obwohl ich das nicht durfte. Übrigens ist unser Häuschen auch heute noch nicht mit Flüchtlingen belegt, es wäre also nicht nötig gewesen, dass man so rigoros mit uns umging. So wurden am Anfang viele Fehler gemacht, die jetzt wieder gemildert wurden.*

*Natürlich war in den ersten sechs Wochen alles wie aus den Angeln gehoben: Züge verkehrten wenig und selbst mit denen, die fuhren, hatte man keinen Anspruch auf Beförderung. Autos wurden beschlagnahmt, nur lebenswichtige Fahrten wurden genehmigt und so weiter. Jetzt haben sich die Verhältnisse etwas eingelaufen, manches ist besser, manches aber auch schlechter geworden. Autos z.B. dürfen immer weniger fahren. Seit Ende August liegt der ganze Bauschutt bei uns noch im Garten, kein Auto war zur Abfuhr zu bekommen. Endlich, als der Bub mit 41 Grad Fieber hier lag, kam ein Lastwagen, aber niemand war zum Aufladen da. Ich solle nach jemandem suchen, hieß es, sonst werde nur eine Fuhre aufgeladen. Und ich konnte doch nicht vom kranken Kind weg – es war zum Heulen, der Schutt blieb liegen!*

*Eben merke ich, dass ich ins Nebensächliche gerate, ich wollte ja nur das Wichtigste über das Haus aufschreiben. Vielleicht sind ja für die Kinder später auch Nebensächlichkeiten interessant, weil sie die gegenwärtigen Verhältnisse noch näher beleuchten.*

*Wieder ist eine Woche vergangen (es sind jetzt nur noch fünf Tage bis Weihnachten), in der wir viel Schwierigkeiten hatten: einige Gasrohre waren nicht zu beschaffen, das Gaswerk machte Schwierigkeiten; der Fliesenleger wollte abhauen, der Elektriker bekam nur fünf Schalter und so ging es weiter, es war zum Davonlaufen. Schließlich ging es mit viel Geschrei und Aufregung doch wieder etwas vorwärts. Wenn nichts Besonderes mehr kommt – ich würde mich ja nicht darüber wundern, - wird das meiste in den nächsten Tagen doch noch fertig, so dass wir Weihnachten so einigermaßen wohnen können. Maler und Tapezierer können ja auch nach Weihnachten fertig machen.*

*28.12.1939: Weihnachten liegt hinter uns. Am Heiligen Abend um vier Uhr waren wir soweit, dass es einigermaßen wohnlich war, wir waren ja so bescheiden geworden und übersahen deshalb vieles, was hätte noch fertig werden sollen! Es war trotzdem recht weihnachtlich bei uns.*

*Gott sei Dank, das Haus ist fertig, von einigen Malerarbeiten, die nach Neujahr gemacht werden sollen, abgesehen. Die letzten Tage waren noch Großkampftage, es schien, als wolle alles und jedes noch die Fertigstellung verhindern. Als wir endlich so weit waren, dass die Vorhänge aufgemacht werden konnten, sagte der Tapezierer, er könne die Vorhänge nicht aufmachen, weil er in der ganzen Stadt keine Porzellanringe zum Durchziehen der Züge bekäme. Wer konnte denn ahnen, dass man selbst solche Kleinigkeiten nicht mehr bekommen würde – ich schreibe das nur als Beispiel, denn es geht fast mit allem so. Wir halfen uns schließlich mit Messingringen, die wir im Haus zusammensuchten.*

*Das Haus ist sehr schön geworden, man kennt es kaum wieder. Jetzt sollten wir nur bald Frieden haben, damit man sich auch seines Besitzes freuen könnte.*
*Mit diesem sehnlichsten Wunsch schließe ich das „Baukapitel" und hoffe, künftig von vielen frohen Erlebnissen im Haus berichten zu können.*

*Januar 1947*

*Dieser Tage kommt mir das Buch wieder in die Hand. Soll ich denn nach sieben Jahren wieder etwas hineinschreiben? Von „vielen frohen Erlebnissen" wollte ich nach meinen letzten Aufzeichnungen berichten und über wie wenig Frohes kann ich schreiben!*
*Ja, 1940 und 41 waren noch erträgliche Jahre, die freilich von den allgemeinen Kriegssorgen überschattet waren, aber unsere Familie war Gott sei Dank gesund. Papa war als Hauptmann in Ingol-*

*stadt, konnte in der Regel das Wochenende mit uns hier verbringen und so freute man sich von einer Woche auf die andere und das Wiedersehen. Hermann-Friedrich wuchs gesund heran, bekam allmählich hier viele Freunde, mit denen er im Herbst 1941 hier zur Schule kam.*

*Anneliese verlobte sich im gleichen Jahr und erfüllte mit ihrem bräutlichen Glück das Haus mit Frohsinn. Ich konnte trotz allem nicht recht froh werden, weil ich ahnte, dass der Krieg uns zum Unglück werden würde. Je länger er dauerte, desto mehr erkannte man, dass so viel Verlogenheit und Ungerechtigkeit nicht ungerächt bleiben kann. „Gott lässt seiner nicht spotten", und verspottet wurde der Herrgott von Führung und Volk! Viele bemerkten es nicht oder wollten es nicht merken, dass der Herrgott vom Deutschen Volk abgesetzt und ein Götze – Adolf Hitler – angebetet wurde. Der Terror war so groß, dass man kaum wagte, seinen Freunden gegenüber seine Ansicht zu sagen. Es gehörte schon Mut dazu, den katholischen Glauben offen zu bekennen! Aber viel mehr hätten wir es tun müssen: öffentlich Stellung nehmen gegen den Götzendienst, trotz der schrecklichen Drohung mit dem Konzentrationslager! Dass auch ich das nicht tat, empfinde ich heute noch als drückende Schuld. Immer wieder habe ich mich von Anneliese und Papa beschwichtigen lassen; sie sagten: „sei still, sonst kommst Du nach Dachau und ausrichten kannst Du doch nichts". Obwohl man nichts Näheres über das KZ in Dachau wusste, so lebte es doch als Schreckgespenst im Volk. Aber wenn wir uns alle lieber hätten peinigen lassen als dass wir still gewesen wären, wäre vielleicht doch vielen Millionen Entsetzliches erspart geblieben! So wurde das deutsche Volk im wahrsten Sinn des Wortes „von Gott verlassen" und sich selbst und seinem Größenwahn überlassen. Die Folgen davon zu schildern sträubt sich fast die Feder! Wo soll man anfangen, was dazu sagen? Vom Wahn eines „Herrenvolkes" sind wir herunter gestürzt, nicht nur als Bettler, als Geächtete!*

*Doch davon wollte ich ja gar nicht schreiben, das tun Leute, die es besser können als ich. Ich will ja nur Aufzeichnungen über meine Familie machen, und da bin ich bei Annelieses Verlobung stehen geblieben.*
*Diese Feier war ein wunderschönes dreifaches Familienfest, das wir in Sontheim am 19.10.1941 feierten: die Goldene Hochzeit meiner lieben Eltern, unsere Silberhochzeit und Annelieses Verlobung. Gott sei Dank, dass wir dieses Fest so schön feiern durften, es wird uns allen unvergesslich bleiben.*

*Die ganze Gemeinde Sontheim nahm Anteil.*
*Am Abend vorher brachte der Kirchenchor ein Ständchen mit Ansprache und Glückwünschen des katholischen Pfarrers. Am anderen Tag war nach dem Amt feierliche Einsegnung der beiden Jubel-Paare; darauf ging der Festzug, ca. 35 bis 40 Paare, in die Wirtschaft zur Sonne zum Festessen. Gegen Abend kamen dann noch viele Gäste und es wurde ein Fest der ganzen Gemeinde, bei dem sich zeigte, wie geachtet und beliebt die lieben Eltern waren. Sie zehrten noch lange von dem Glanz des Festes, das ihr letztes frohes Erlebnis war.*

*Im Januar 1942 war dann Annelieses Hochzeit. Da waren wir alle froh über den Besitz des Hauses, in dem man für das junge Paar ein gemütliches Nestchen richten konnte. Damals war man ja noch „Herr des Hauses", die Wohnungsnot war noch nicht so groß; ich glaube, sogar München war noch ganz erhalten.*
*Ich habe den Eindruck, dass das junge Paar zwei glückliche Jahre hier im Haus verlebte, bis das Entsetzliche geschah: am 12. Juli 1944 wurde Anneliese bei einem Flieger-Angriff auf München tödlich getroffen. Es wird mir sehr schwer, auf die Einzelheiten einzugehen, aber ich denke, der Bub wird mir später dankbar sein. Er*

*hat wohl alles miterlebt, aber mit seinen zehn Jahren vielleicht manches auch wieder vergessen.*

*Ich war im Sommer mit Hermann-Friedrich in unserem Landhäuschen in Steinebach; für Papa war es in Ingolstadt eine große Beruhigung, uns bei den vielen Flieger-Angriffen nicht in München zu wissen. Anneliese war mit Philipp, ihrem Mann, allein hier im Haus; bei Alarm gingen sie in den Erdbunker im Nachbargarten. Nach menschlichem Ermessen war dort größere Sicherheit gegeben als in unserem Hauskeller, und doch musste sie dort den Tod finden, während ihr hier im Haus – sie hätte noch nicht einmal in den Keller gehen müssen – nichts passiert wäre. Bei einem der schwersten Angriffe auf München fiel ein Volltreffer auf die vier Quadratmeter des Bunkers und zerschmetterte wohl augenblicklich die drei Insassen: Ehepaar Steinmetz und Anneliese. Warum???...Unergründlich sind Gottes Wege! Philipp fuhr eine Stunde zuvor nach München und wollte Anneliese unbedingt mitnehmen; er sagte, Anneliese hätte sonst immer getan, was er wollte, aber da hätte sie alle möglichen Dinge zur Erledigung vorgebracht, dass er schließlich nachgegeben hätte. Er war dann während des Alarms im Bunker des Hauptbahnhofs und kam heil heraus, obwohl es um und um brannte und viele Tote gab; hier in Solln passierte fast nichts, außer unseren drei Toten gab es keine Opfer. Als Philipp nach einigen Stunden kam, waren die Nachbarn dabei, den Bunker ganz frei zu legen, um eventuell Hilfe zu bringen – es gab aber nichts mehr zu helfen. Das Ehepaar war ganz zerschmettert, Anneliese wenigstens noch ganz, aber sicher war sie auch gleich tot gewesen.*
*Philipp musste nun wie ein Löwe kämpfen um die Leiche seiner Frau, weil auf Befehl des Gauleiters alle Opfer gemeinsam in München bestattet werden sollten. Durch die Vermittlung seines Bruders gelang es, die Leiche frei zu bekommen und durch ihn bekamen wir auch einen Sarg (...)Als wir endlich einen Sarg hat-*

*ten, fehlte die Transportmöglichkeit zum Friedhof. Ich war eben im Begriff, beim Nachbarn einen Dreiradkarren zu entlehnen, auf dem wir den Sarg selbst auf den Friedhof fahren könnten, da erbarmte sich ein Gärtner und fuhr ihn mit seinem kleinen Lieferwagen sang- und klanglos hinaus. Kaum auf dem Friedhof angekommen war wieder ein Angriff, eine Bombe fiel in der Nähe des offenen Grabs, so dass ich froh war, als wir Anneliese menschenwürdig bestattet hatten.*

*Heute wundere ich mich selbst über meine Ruhe damals; vielleicht, weil ich mich auch im größten Schmerz in Gottes Willen ergab, erhielt ich vom Herrgott so viel Kraft, dass ich den Anderen noch Halt geben konnte. Heute bin ich noch dankbar und ergriffen über ein Wort, das mir der Herrgott durch Kindermund sagen ließ. Als mir einige Stunden nach dem unheilvollen Angriff in München der Postbeamte in Steinebach die Nachricht überbrachte, ich solle sofort nach München kommen, spürte ich sofort: Anneliese ist tot! Mein erstes Wort war „O Herr, sei ihr gütig". Hermann-Friedrich nahm meine Hand und sagte: „Mutti, weine nicht, was Gott tut, das ist wohlgetan".*
*Diese Worte des zehnjährigen Buben waren mir Kraft und Trost in diesen Tagen. Und immer wieder, wenn mich im Lauf der Zeit der Schmerz (leider wird der Schmerz nicht kleiner) übermannen wollte: „was Gott tut das ist wohlgetan". Er weiß, warum wir dieses Opfer bringen mussten , sein Name sei gepriesen!*

An dieser Stelle möchte ich die Aufzeichnungen meiner Mutter unterbrechen und ein Kapitel einschieben, das das Leben meiner Schwester zum Thema hat, zumindest das, was ich davon noch weiß.

## 15. Anneliese

*Wie eine Harfe.*

*Wie eine Harfe*
*Harrt meine Seele,*
*daß einer komme*
*und auf ihr spiele!*

*Daß einer scheuche*
*den Schlaf von den Saiten,*
*selige Lieder*
*erlöse vom Schlummer.*

*Fremd und verlassen*
*in lautloser Sehnsucht,*
*harrt meine Seele*
*wie eine Harfe.*

*Ach, wie sie wartet,*
*daß Liebe sie löse!*
*Daß einer komme*
*und auf ihr spiele!*

Dieses Gedicht entnehme ich einem vergilbten, ehemals blauen Schulheft meiner Schwester Anneliese. Es ist eine der wenigen Spuren, die sich von ihrem Leben erhalten haben und enthält 22 Gedichte, die sie im Alter von fünfzehn bzw. sechzehn Jahren geschrieben hat. Das Gedicht *Wie eine Harfe* ist datiert mit: München, 12.3.1935, sie war also gerade fünfzehn Jahre alt geworden.
Eingelegt in dieses Heft ist eine handschriftliche Notiz meiner Mutter, die sie wenige Jahre vor ihrem Tod geschrieben hat:

*Ende Mai 1936 machten wir, Papa, Anneliese, Luci (*Der Pflegesohn) *und ich an einem herrlichen Sonntag eine Bergtour auf den Wendelstein. Wir fuhren von Steinebach mit dem Auto so weit man konnte (Bahn gab es damals noch nicht) und kraxelten mühsam hoch bis zum Gipfel. Dort war feierliche Bergmesse mit Volksgesang und Blasmusik. Es war, in dieser herrlichen Gebirgswelt, ergreifend schön. Bei dem Lied „Näher mein Gott zu Dir" kamen mir die Tränen. Anneliese ging etwas zurück und wendete sich ab. Ich hielt sie für teilnahmslos und bedauerte sie. Nach ihrem Tode fand ich ein Gedicht, worin sie, fast überschwenglich, ihre Gefühle beschreibt. Der letzte Satz hieß: „Ihr zürnt mir, habt für teilnahmslos mich gehalten – auch Schweigen ist ein inniges Gebet!*
*So viel kann ich mich heute noch erinnern und bedauere, daß ich Annelieses Gefühlswelt so wenig kannte."*
Außerdem fand ich bei meinen Recherchen nach weiteren Spuren in einem schwarzen Haushaltsbuch, in dem meine Mutter neben den diversen Ausgaben für die Lebensführung in den Jahren 1928 bis in die ersten Kriegsjahre auch einige Randbemerkungen zu herausragenden Ereignissen in diesen Jahren niedergeschrieben hat. Daraus stammt folgende Notiz, die einerseits die Sparsamkeit der Schwäbin, andererseits die Sorgen einer Mutter um die Entwicklung ihrer Tochter dokumentiert: *Anneliese hat aus Leichtsinn in der Drogerie Elgert für 23 Mark Weihnachtseinkäufe gemacht, um damit uns alle reichlich zu beschenken. Ich habe die Schulden bezahlt und Anneliese sehr ins Gewissen geredet; sie versprach, in Zukunft nicht mehr so leichtsinnig zu sein.*
Auch von meinem Vater findet sich eine Bemerkung in seiner schriftlichen Hinterlassenschaft, in der er seiner Tochter bescheinigt, recht gut begabt zu sein, gleichzeitig aber über ihren etwas labilen Charakter klagt. Tatsache ist jedenfalls, daß das Leben meiner Schwester offenbar keine Würdigung durch meine Eltern in schriftlicher Form gefunden hat, auch nicht nach ihrem Tod. In Anbetracht ihres sonstigen Mitteilungsdrangs, den sie beide an den

Tag legten, erscheint mir das ein recht erstaunlicher, fast beunruhigender Tatbestand zu sein. Dazu kommt, daß nach meiner Erinnerung in unserer Familie fast nie über meine Schwester gesprochen wurde. Erst so langsam fand ich eine plausible Erklärung dafür: den erbitterten Kampf der in Deutschland um die Macht ringenden Ideologien Christentum und Nationalsozialismus, der sich auch in unserer Familie niederschlug und viel über die Gesinnung der Beteiligten aussagt.
Da dieser Kampf praktisch die ganze Welt erschüttert hat, will ich den kleinen, aber exemplarischen Teilaspekt, der sich in unserer Familie abspielte, zu beschreiben versuchen.

Anneliese, ihr Gedicht „Die Harfe“ ließ es ja schon anklingen, war zu Beginn des zweiten Weltkriegs im heiratsfähigen Alter. Und der, auf den sie wartete, daß er den Schlaf von den Saiten ihrer Seele verscheuche, stellte sich auch bald ein: das Schicksal hatte ihre Sehnsucht sozusagen wörtlich genommen, denn er war von Beruf Cellist. So dynamisch und gefühlvoll, ja ekstatisch er sein Instrument zu spielen wußte, so wird er wohl auch die Harfe ihrer Seele zum Klingen gebracht haben.
Ich nehme an, daß ich derjenige war, der ahnungslos ihre Bekanntschaft eingefädelt hat, denn als wir Ende 1939 unser Haus in Solln bezogen und sich die Wogen dieses Dramas wieder gelegt hatten, war es nach Meinung meiner Mutter höchste Zeit, daß der Bub ein Instrument spielen lernte. Und obwohl sie selbst ein Klavier besaß und auch gelegentlich darauf spielte, sollte ich erst einmal mit Blockflöte beginnen. Ein Lehrer war in der Nähe schnell gefunden, es war ein schon etwas älterer Herr, der schon einen erwachsenen Sohn hatte, der als vielversprechender Künstler galt, eben ein Cellist. Da meine Mutter damals im neuen schönen Haus gelegentlich gern ein Hauskonzert veranstaltete, dürfte sie die sich bietende Gelegenheit wohl genutzt haben und Herrn Philipp Schiede als Solist verpflichtet haben; genau weiß ich das allerdings nicht

mehr. Wohl weiß ich noch sehr gut, wie fasziniert ich von seinem Spiel war, wenn er später, nachdem er bei uns wohnte und unser großes Wohnzimmer beim Üben mit den süß klagenden Tönen seines Cellos füllte. Ich saß dann oft zu seinen Füßen und ließ mich in sein Spiel einsaugen und durchschauern, anders kann ich es nicht beschreiben. Auch ich war zu einem Resonanzkörper geworden wie ein eigenständig mitschwingendes Instrument. Ich sagte damals als gerade Zehn- oder Elfjähriger, „wenn ich wieder auf die Welt kommen sollte, will ich ein Cello werden".

Wie an anderer Stelle von meiner Mutter beschrieben, verlobten sich die Beiden im Rahmen des sog. Dreifachen Fests in Sontheim Ende 1941 und heirateten schon kurz darauf im Januar 1942. Unser Haus war groß genug, um darin für das junge Paar ein eigenes Nest zu bauen. Oberflächlich war also alles in bester Ordnung. Erst nach Annelieses Tod zwei Jahre später stellte sich für mich heraus, daß diese Einschätzung eine sehr trügerische war.

Mein Schwager Philipp stammte als zweiter Sohn aus einer Nazi-Familie. Wie weit das Braun der SA-Uniform, die sein Bruder immer trug, auf seine Gesinnung abgefärbt hat, kann ich nicht sagen. In meiner Erinnerung war er ein eleganter, heute würde man wohl sagen: smarter junger Mann, der neben seiner Musik durchaus beschaulichen Hobbys wie Fischen und Briefmarken-Sammeln nachging. Besonders beeindruckte mich, dem extremen Blondschopf, sein schwarzes Haar, das in üppiger Fülle seinen ganzen Körper bedeckte. Schwarz stand ihm deshalb auch besonders gut, und das war ja auch seine Berufskleidung als Musiker.
Soweit ich weiß, habe ich ihn allerdings nie im Konzertsaal agieren sehen, aber ich wußte, daß er in einem bedeutenden Orchester spielte und mit diesem auch oft auf Tournee war. Aber erst vor kurzem begann ich mich dafür zu interessieren, welches Orchester

das gewesen sein könnte, ja eigentlich mehr so nebenbei, um da keine falschen Angaben zu machen.

Vielleicht wird das manchen Leser in Erstaunen setzen, denn immerhin hat Philipp ja die Tragödie des Luftangriffs des 12. Juli 1944 selbst unbeschadet überstanden; dementsprechend müßte doch etwas über seinen späteren Verbleib in unserer Familie bekannt sein. Aber fast so plötzlich, wie meine Schwester durch den Volltreffer der Luftmiene aus dem Leben schied, so plötzlich war Philipp wie vom Erdboden verschluckt und aus meinem Leben verschwunden. Ich nehme an, daß er unmittelbar nach ihrer Beerdigung, die nach den Schilderungen meiner Mutter unter dramatischen Umständen zustande gekommen war, unser Haus verließ und zu seiner Familie zurück gekehrt ist. Es will mir scheinen, daß ich ihn nie wieder gesehen habe, aber da mag meine Erinnerung auch einfach Lücken aufweisen oder einfach allzu schwarz zu zeichnen. Das Letzte, was von diesem Drama noch lebendig ist, sind die Szenen, die sich in den Tagen vor der Beerdigung abgespielt haben.

Als meine Mutter und ich nach der Katastrophe von Steinebach in unser Sollner Haus zurückkehrten, hatte sich Philipp in ihrer kleinen Wohnung, in der man seine tote Frau gebettet hatte, eingesperrt und ließ niemand zu sich. Wohl hörte man ihn abwechselnd erbarmungswürdig weinen und toben.

Das hatte neben der verständlichen Erschütterung über ihren Tod noch einen anderen Grund. Der Gauleiter von München hatte nämlich angeordnet, daß alle Opfer des Luftangriffs gemeinsam in einem Massengrab in München beigesetzt werden sollten. Philipp wollte aber seine Frau um keinen Preis hergeben, auch nicht als Tote. Doch mit Hilfe seines einflußreichen Bruders Heinrich gelang es ihm, eine Ausnahme durchzusetzen. Sein Bruder war ein ranghoher SA-Mann, zu der Zeit Kreisleiter in Garmisch-Partenkirchen. Ich habe ihn nur in der hellbraunen SA-Uniform in

Erinnerung, die meine Mutter dazu animierte, von ihm als dem „Goldfasan“ zu sprechen. Nun, in diesem Fall war der Bruder hilfreich, Philipp bekam seine Frau für eine zivile Beerdigung frei, die im Sollner Waldfriedhof stattfand, sogar mit militärischen Ehren, also einer Hakenkreuzfahne auf dem Sarg.
Ab da streikt mein Erinnerungsvermögen und Philipps Spur verliert sich in der Dramatik der letzten neun Kriegsmonate. Geblieben ist von Anneliese ein Familienkreuz, das an prominenter Stelle nahe des Eingangs in den Sollner Waldfriedhof steht und von meinen Eltern als Familiengrab Fischer gekauft worden war. Einige Zeit später erhielt es ein schönes Holzkreuz eines Schnitzers aus dem Schwarzwald mit einem edlen Corpus, das die Inschrift trug: Anneliese Schiede, geb. Fischer, * 22.2.1920, + 12.7.1944. Das Grab nahm später dann 1980 auch meine Mutter und 1984 meinen Vater auf.

Damit ist zwar die Lebensgeschichte meiner Schwester zu Ende erzählt, jedenfalls soweit ich sie kenne, aber das im Hintergrund spielende „deutsche Drama“ birgt noch einige Überraschungen, die erst vor kurzem dank der über das Internet gegebenen Recherche-Möglichkeit zu Tage kamen.
Das Orchester, in dem Phillip als Solocellist fungierte, war nicht, wie ich lange glaubte, das bayerische Rundfunk-Orchester, sondern das Berliner Philharmonische Orchester, das ja auch damals schon als eines der besten der Welt galt; auch sein langjähriger Dirigent Wilhelm Furtwängler genoß Weltruf. Dort also engagiert zu sein war sicher aus musikalischer Sicht eine Auszeichnung. Allerdings weist die Geschichte dieses Orchesters einen schweren Makel auf: es führte in der Zeit des dritten Reiches die offizielle Bezeichnung „NS-Reichs Symphonie-Orchester“, wurde aber meist nur das Orchester des Führers genannt. Und folgerichtig hat Adolf Hitler das Orchester als Propagandainstrument dem Reichsminister Goebbels unterstellt.

Die Reichsführung hatte sich damit auch die Musik für ihre Zwecke einverleibt. Ob und wie weit sich damit der Charakter der Musik verändert hat, mag dahingestellt bleiben. Tatsache ist, daß die meisten Orchester-Mitglieder in die NSDAP eingetreten sind, vermutlich auch mein Schwager.
Um so eindeutiger ist die Rolle seines Bruders Heinrich aufgedeckt worden bei dem Spruchkammerverfahren zu seiner „Entnazifizierung". Demnach ist er schon Anfang 1932 in die NSDAP eingetreten, hatte sich vor allem als „Reichseinsatzredner" bei Großkundgebungen hervorgetan. U.a. hat er zur Verbreitung des Führer-Slogans „Kunst ist eine zum Fanatismus verpflichtende Mission" wesentlich beigetragen. Von ihm stammt die Formulierung, die der Ausrottung der Juden den Boden bereitete: „Es gibt keine internationale Kunst, international ist nur der Jude. Und der Jude möchte uns (also die Deutschen) ausrotten", womit er die Dinge auf den Kopf stellte: der Jude ist der Täter, die Deutschen sind das Opfer. Folgerichtig forderte er in seinen Reden die „Erziehung der Willigen und die Ausschaltung der Abseitigen. „Rücksichtslos" sei seine Lieblingsvokabel gewesen. Noch in den letzten Kriegswochen verkündete er die Parole: „Sieg oder Tod". In dem Spruchkammerverfahren gab er zu, bis zu der Kapitulation an den Endsieg geglaubt zu haben. Bezeichnend für seine Gesinnung ist die Aussage mehrerer Zeugen, daß er in seinen Reden, wenn er auf das Christentum zu sprechen kam, gesagt haben soll: „Der am Kreuz hängt geht uns nichts an, unser Gott ist Adolf Hitler".

Wenn man sich vor Augen hält, welche überzeugte, leidenschaftliche Verfechterin des katholischen Glaubens meine Mutter war, wird verständlich, daß sich da Erzfeinde gegenüber standen. Dem Glück ihrer Tochter wollte und konnte sie nicht im Wege stehen, aber der Kontakt zu der Familie Schiede blieb auf das eben noch vertretbare Minimum beschränkt und erstarb völlig nach Annelieses Tod. Verständlich wird so auch ihr Satz: „welch ein Glück, daß

Anneliese keine Kinder bekommen hat, das wäre ganz bestimmt nicht gut gegangen“.
Nachzutragen ist noch ein Weiteres, was im dritten Reich als eine ganz wichtige Handlungsmaxime galt: keine politische Auseinandersetzung mit Nazis, schon gar nicht vor Kindern. Spitzel gab es ja zuhauf, und die hatten riesige Ohren. Zum Glück waren meine Mutter und auch der Bruder meines Schwagers zivilisierte Menschen, denen das Glück ihrer Angehörigen offenbar so viel galt, daß es zu keiner zerstörerischen Auseinandersetzung bis zu Annelieses Tod gekommen ist, immer mit dem Vorbehalt, daß mir davon nichts bekannt geworden ist. Die Bombe, so schrecklich das klingt, war vielleicht sogar für meine Mutter eine annehmbare Lösung des Himmels für ihre Tochter, die ihr selbst über deren Tod hinweggeholfen hat.

Nach dieser schmerzlichen Rückerinnerung an eines der schwärzesten Kapitel unserer jüngeren deutschen Geschichte und damit auch unserer Familie möchte ich abschließend dem Andenken meiner Schwester zwei letzte Gedichte ihrer eigenen Sammlung widmen, in denen auch ihre Todessehnsucht anklingt, wie das in den literarischen Bekenntnissen Pubertierender nicht selten vorkommt.

Heimweh.

Am Abend, wenn die Sonne purpurn glüht
zum abschiedfernem Horizonte
Ein schmerzlich Heimweh mich durchzieht
Das selten nur ich bannen konnte.

Und wenn im Herbst in pfeilgeschwindem Flug
Die Schwalben zieh´n nach fernen Ländern,
wohin der Winter nie Erstarrung trug,

treibt Heimweh mich den Ort zu ändern.

Und wenn Novembersturm die Wälder fegt,
vom Baum die letzten Blätter fallen,
ein ungestilltes Heimweh mich bewegt:
Möcht von der Erd‘ zum Himmel wallen.

## Lebensdank.

Ewig Lebendiger, Dich sucht mein Dank!
Sieh, meiner Seele, die in Sehnsucht brannte,
die nur des Alltags blasse Leere kannte,
bot Deine Hand des Lebens starken Trank!
Da ich an keine Wunder mehr geglaubt,
hast Du der Liebe Tore mir erschlossen
und lächelnd über mein gebeugtes Haupt
die Schale ihrer Wunder ausgegossen.
Dein Wille ließ mich schreiten irre Pfade
Im tiefen Tal der Schatten und der Schuld.
Aus Schmerzensnächten ohne Sternengnade
schrie hilflos meine bange Ungeduld.
Doch ohne Antwort blieb Gebet und Schrei,
bis ich gelernt zu leiden und zu schweigen.
Nun läßt Du mir aus Nacht und Irrsal neu
die helle Röte Deines Morgens steigen.
Und wie der junge Baum es fühlt mit Zittern,
daß jemand ihm die Hand des Lebens streicht,
in Sonnenglut und nächtlichen Gewittern,
so bebt auch meine Seele, blüht und reift.
Ewig Lebendiger! Du gehst umher
In Nacht und Licht, in Sturm und Sonnensegen.
Sieh, von der Fülle Deines Sommers schwer,

blüht meine ganze Seele Dir entgegen!
Dein war die Saat, so sei die Ernte Dein,
und heilig schön wird sich mein Los vollenden
darf Frucht und Blüten ich mit vollen Händen
vor Deines Wagens Flammenräder streun.

Nach diesem Einschub in die Aufzeichnungen meiner Mutter setze ich ihre Berichterstattung über das Kriegsende fort.

# 16. Das Haus in München Solln, Teil 2

*Neun Monate nach Annelieses Tod ging das mörderische Ringen bzw. die langsame Vernichtung unseres Heeres und die Zertrümmerung unserer Heimat weiter. Obwohl jedes Kind wusste, dass der Kampf aussichtslos war, gab Hitler nicht nach und das deutsche Volk musste den Leidenskelch bis zur Neige trinken. Fast beneidete man die Toten, die ihre Ruhe hatten, denn täglich drangen die feindlichen Heere tiefer in Deutschland ein. Unsere Sorge war, was wird aus unserem Papa in Ingolstadt, nachdem im März 1945 die feindliche Linie kaum mehr als 50 Kilometer davon entfernt war. Ich glaube, der Bub und ich, wir rangen dem Herrgott die Erfüllung der Bitte „Lass unseren Papa nicht in Feindes Hände fallen" förmlich ab. Am 20. April, vier Tage vor der Besetzung von Ingolstadt, wurde unser Papa nachts um ein Uhr auf einem Motorrad heimgebracht. Er hatte einen schweren Furunkel am Schenkel und konnte nicht mehr laufen; so entging er auf wunderbare Weise der Gefangenschaft, der einzige seiner Dienststelle! Nun war es uns Dreien gleich, was mit uns geschieht, denn wir waren ja beisammen.*

*Doch Gott sei Dank ging alles gnädiger ab, als man zu hoffen wagte. Nach zehn langen Tagen – wird München verteidigt oder nicht? – zogen am 30. April die Amerikaner ein. Man hörte zwar Tage lang vorher die Kanonen und wir richteten uns im Keller ein, so gut es eben ging – aber München blieb verschont. Wie gut, dass Papa da war, sonst wäre ich mit dem Buben allein im Haus gewesen. Unsere „tapferen" Zwangsmieter, ein Jurist namens Dr. Müller mit Frau und 20jährigem Sohn, zogen ein Biwak im Forstenrieder Park vor und ließen mich mit dem Buben allein im Haus. So ist sich eben jeder selbst der Nächste!*

*Doch nun will ich versuchen, Einzelheiten zu schildern; es tut mir leid, dass ich das nicht immer gleich tat.*

*Durch die ungeheuere Nervenbelastung der letzten zehn Jahre und die mangelhafte Ernährung besonders der letzten drei Jahre sind wir alle so verbraucht und vergesslich geworden, dass man sich kaum noch erinnern kann. Und doch kann ich mir denken, dass Hermann-Friedrich später dankbar sein wird, wenn er durch die, wenn auch mangelhaften, Aufzeichnungen seiner Mutter an die „große" Zeit, die er als Kind erlebt hat, erinnert wird.*
*Ja, große Zeit! Fast sträubt sich die Feder, dieses Schlagwort zu schreiben, im allgemeinen versteht man unter diesem Wort etwas ganz anderes. Unsere Zeit der letzten zwölf Jahre war groß an Geschrei, Lüge, Gewalt, Brutalität, Hass – und dann als Auswirkungen dieser „Größen": unbeschreibliches Elend, Bäche von Blut und Tränen! Jeder einzelne von uns Deutschen war von der übrigen Welt zum Verbrecher degradiert! Armes, verblendetes Deutschland, wie schwer musst du für deine Schuld büßen! Jetzt, zwei Jahre nach Kriegsende, vergrößert sich unser Elend noch durch die täglich hereingetriebenen Flüchtlinge. Von einem Frieden noch keine Spur! Es scheint, als dächte sich jeder Staat nur aus, wie er uns noch mehr strafen und demütigen könne.*

*Ach, ich komme ganz von meinem Vorhaben ab, Erlebnisse zu schildern.*
*Also: am 30. April zogen die Amerikaner in München ein; es wurde kein Widerstand geleistet und so kam es auch zu keinen Kämpfen. Die Truppen waren natürlich erst recht misstrauisch, aber man spürte, dass sie bald merkten, es wohnen und leben auch hier Menschen, nicht nur Verbrecher. Man konnte tagsüber ausgehen, nur nachts war Sperrstunde. Allerdings das Wort „Wehe, wenn sie losgelassen" bewahrheitete sich sehr. Die bis zum Kriegsende hier unterdrückten ausländischen Zwangsarbeiter und anderes nichts-*

*nutziges Gesindel rächten sich auch an manchen Unschuldigen. In der Stadt wurden, und zwar unter den Augen der Besatzungstruppen, alle noch erhaltenen Geschäfte geplündert und demoliert. Hier in Solln ging's gnädig ab.*

*Nur der Schäfer konnte seine Schafherde vor den Banditen nicht schützen.*
*Bald sprach sich herum, dass der Schäfer die Schafe tagsüber verkaufen wolle, so weit sie ihm nichts nachts gestohlen worden waren. Eine Völkerwanderung zum Schäfer setzte ein. Auch wir, der Bub und ich, denn Papa konnte wegen seiner Furunkeln noch nicht recht laufen, schlossen uns an und standen stundenlang vor der Schafhürde. Endlich kam der Schäfer, griff ein Lamm mit ca. 20 Pfund heraus und rief: „wer will es?" Die Leute zögerten, weil es so klein war und jeder sich einen Hammel erhoffte. Ich rief schnell entschlossen „Ich" und hatte es. Was sollten wir drei Personen mit einem großen Hammel anfangen, den dann übrigens die Wenigsten ergatterten und nachher froh an so einem kleinen Lämmchen gewesen wären.*
*Das Heimbringen des Tieres, das alles weniger als „willig wie ein Lamm" folgte, war eine aufregende Sache. Ich fürchtete, wir zögen ihm mit unserem Strick entweder den Hals zu oder wir rissen ihm den Schwanz aus; es widersetzte sich jeder Gewalt. So trieben wir es im Zickzack vor uns her. Als wir nach langem Mühen etwa die Hälfte des Weges hinter uns hatten, riss es sich plötzlich los und rannte, schneller als wir folgen konnten, zurück zur Herde, wo es uns dann fast noch wegverkauft worden wäre. Ich nahm es dann auf den Arm und kam damit – sicher noch mehr erschöpft als das verängstigte Tier – heim, wo Papa uns ein Stück entgegenkam und mir die willkommene Last abnahm. So hatten wir für zwei oder drei Wochen keine Nahrungssorgen.*

*Die Geschäfte waren geschlossen, außer gelegentlich Brot gab es nichts zu kaufen, und um dieses musste man natürlich Schlange stehen. Aber man hatte ja auch noch etwas an Vorräten und so verlebte man die ersten Wochen fast sorglos. Man war froh, dass der Krieg vorbei war und voller Hoffnung, dass bald alles besser würde. Die amerikanischen Truppen hatten für unsere Begriffe alles in Hülle und Fülle und sie geizten nicht damit. Die Buben suchten und fanden hie und da einen Amerikaner, der gegen Wein oder Schnaps reichlich Kaffee oder Zucker etc. tauschte. So viel Englisch konnten die Jungens bald, um sich verständigen zu können. Einige Male brachte Hermann-Friedrich auch einen Sack Wäsche von einem Amerikaner, die ich dann gegen Lebensmittel und Seife waschen sollte. Auch das tat ich, um dem Buben manch hochwertige, langentbehrte Nahrungsmittel zuwenden zu können. Freilich fiel es mir nicht leicht, aber man war doch voller Hoffnungen, dass diese Armut und Demütigung bald ein Ende hätten.*

*Diese Wochen waren wie das Aufwachen aus einer Narkose nach einer schweren Operation: man ist froh, dass die Operation vorbei ist, aber man ist noch nicht im vollen Bewusstsein ihrer Folgen und schläft, noch müde, wieder ein. Allmählich spürt man Schmerzen und wird sich bewusst, dass man durch die Amputation unwiderruflich ein Krüppel ist. So wurde es auch uns von Monat zu Monat klarer, wie verheerend sich die Kriegsfolgen für uns auswirkten.*

*Die deutschen Städte und unsere Industrie waren vom Krieg sehr zerstört; trotzdem hätten wir es mit dem Wiederaufbau viel leichter gehabt, wenn nicht unsere Truppen von der wahnsinnigen Führung den Befehl erhalten hätten, alle Verkehrswege und –mittel zu zerstören. Jede Brücke, jeder Bahnübergang, möglichst alle Eisenbahnwagen, so weit sie noch erhalten waren, wurden von den eigenen Truppen vernichtet. So war monatelang, auf manchen*

*Strecken dauerte es noch viel länger, der Eisenbahnverkehr lahmgelegt. Die Menschen standen zu Hunderten an den Straßenrändern und warteten, bis sie von einem der wenigen Lastwagen mitgenommen wurden. So dauerte eine Reise, die man in normalen Zeiten in einigen Stunden machen konnte, einige Tage. Doch das war nicht das Schlimmste, viel schlimmer wirkten sich die Verkehrsstörungen in der Lebensmittelversorgung aus. Wie viel braucht nur eine einzige Stadt wie München, nur zum nötigsten Lebensunterhalt! Alle noch vorhandenen Last- und Personenwagen wurden zum Transport eingesetzt, und so war „Bosch" bald als lebenswichtig anerkannt. Aber der ganze Betrieb in der Seidelstraße war ganz kaputt. Papa ging, so bald er wieder laufen konnte, täglich zu Fuß nach München – es gab ja keine Verkehrsmittel – und machte sich an den Aufbau, das heißt, zuerst an den Abbau. Wochenlang mussten Arbeiter und Angestellte nur Schutt abfahren; es waren für Papa anstrengende Monate, und zu aller Anstrengung kam auch noch die ungenügende Ernährung. Über längere Zeit konnte ich ihm für den ganzen Tag nur eine Handvoll getrocknete Maroni und etwas getrocknetes Brot mitgeben.*

*Aber trotz aller Not und allen Elends blickte man hoffnungsvoll in die Zukunft und glaubte, nach Überwindung des ersten Nachkriegswinters werde es besser.*

*Wir waren alle glücklich, dass wir das erste Mal wieder Weihnachten ungestört feiern konnten. Deshalb veranstalteten wir auch ein Weihnachtskonzert in unserem großen Wohnraum – die erste Veranstaltung wieder nach Annelieses Hochzeit – zu dem wir über 50 Freunde und Bekannte einluden. Unsere damalige Stimmung kennzeichnet vielleicht am besten folgendes, von mir verfasste und von Hermann-Friedrich vorgetragene Gedicht:*

*Herzlich willkommen, geehrte Gäste!*
*Wir danken, dass Sie gekommen zum heutigen Feste.*
*Es ist zwar eng hier, dafür aber warm-*
*Viele müssen frieren, dass Gott erbarm.*
*Doch heute woll'n wir nicht von Sorgen sprechen,*
*wollen Leid und Elend mal vergessen;*
*wollen nur an das liebe Christkind denken,*
*ihm unsere Klänge und Lieder schenken.*
*Vielleicht sind uns deshalb nur Trümmer geblieben,*
*weil der Heiland aus unserer Heimat vertrieben.*
*Wir wollen ihn wieder holen ein,*
*Er soll unser Führer und Retter sein!*
*Vielleicht wird uns dann wieder Friede gebracht,*
*der Friede der stillen, heiligen Nacht.*

*Und zum Schluss der Veranstaltung sprach der Bub an der Krippe folgendes Gebet:*

*Die Feierstunde zu Ende geht.*
*Zuvor noch zum Christkind ein kindlich Gebet:*
*Lieber Heiland, wahrer Gott,*
*erbarm Dich unseres Volkes Not!*
*Mach wahr, was einst der Engel verkünd't*
*Friede den Menschen, die guten Willens sind!*

*So kam das Jahr 1946, von dem wir den Frieden erhofften. Aber leider wurden wir bald enttäuscht. Wie erfuhren, dass die Sieger uneins sind. Jeder zerrt an dem todkranken Deutschland und will sich das ausgerissene Stück einverleiben oder wenigstens einen Teil unserer Industrie als Beute erhaschen.*

*Nach dem Nürnberger Prozess, wo die „Führer" mit Recht zum Tode verurteilt wurden, sollte es an die Friedensverhandlungen gehen. Das hofften wir. Statt dessen wird unser Elend ständig vergrößert: jeder Staat, mit Ausnahme Amerikas, weist die „lästigen Deutschen" aus und schickt sie über die Grenzen. Elf Millionen Flüchtlinge mussten in dem verkleinerten und vielfach zertrümmerten Deutschland untergebracht werden.*

*Weihnachten 1946 stand unter einem ganz anderen Zeichen als wir es Weihnachten 1945 erhofft hatten: unter dem Zeichen unsagbaren Flüchtlingselends, trotz unseres guten Willens. Im Vorjahr nahmen die Leiden des deutschen Volkes immer noch zu!*
*So war uns also Weihnachten 1946 nicht mehr um Haus-Konzerte und festliche Veranstaltungen zu Mute. Wenn wir uns den Namen „Christen" erhalten wollen, galt es zu helfen, helfen, helfen! Ich glaube, trotz dieser Erkenntnis haben wir uns kaum obigen Namens würdig erwiesen. Freiwillig wurden wenige Flüchtlinge aufgenommen.*
*Durch den Vortrag eines Geistlichen wurde ich auf die Not in den Flüchtlingslagern aufmerksam gemacht. Ich sah dann diese Not durch eigenen Augenschein bestätigt und nahm mir vor, wenigstens einigen Familien zu Weihnachten zu helfen. Alle Verwandten und Bekannten wurden aufgesucht und angebettelt, und bald verwandelte sich unser großer Wohnraum in ein Magazin, in dem die erbeuteten Sachen sortiert und für Weihnachten zurecht gelegt wurden. Am Heiligen Abend konnten wir dann mit vier Familien (32 Personen) im Lager Weihnachten feiern und sie reich beschenken. So beglückt unsere Freunde über unsere Weihnachtsfeier im Vorjahr waren, diese Freude und Dankbarkeit der armen Flüchtlinge war viel größer. Wir waren selber so erfüllt davon, dass Hermann-Friedrich auf dem Heimweg vom Lager sagte: „Mutti, wenn ich jetzt selbst keinen Christbaum und keine Ge-*

*schenke hätte, wäre es für mich doch das schönste Weihnachtsfest gewesen."*

*Wir behielten und haben noch heute Fühlung mit unserem Flüchtlingslager und wir konnten wenigstens die größte Not lindern und außerdem noch manchen Wunsch erfüllen.*

*Unserer Ansicht nach musste das Jahr 1947 den Frieden bringen, und so hoffte man von Monat zu Monat – vergebens.*

*So undurchsichtig das Schicksal Deutschlands war, so undurchsichtig war auch von den ersten Wochen 1947 an das Schicksal unseres Hauses.*
*Seit November 1946 war es amtlich bestätigt, dass in Solln viele Häuser von den Amerikanern beschlagnahmt wurden. Wie viele und welche, das wusste niemand. Zunächst wurde ganz Solln generell beschlagnahmt, man durfte zwar noch in den Häusern wohnen, aber nichts mehr herausnehmen; näheres musste abgewartet werden. Die Ortsausgänge waren von Polizeiposten besetzt; trotzdem versuchte natürlich jeder, seine wertvolle Habe dem Zugriff der Amerikaner zu entziehen. Und so, wie man im Krieg manches Wertvolle und auch Notwendige da und dorthin verlagerte, um nach eventuellen Bombenschäden wenigstens noch etwas zu haben, so musste man jetzt auf gleichen Wegen sein Eigentum in ungefährdete Stadtteile schmuggeln. Immer wieder gelang eine aufregende Sache, man wurde mutiger, räumte mehr, bis man zuletzt vor der bangen Frage stand: wird man die gähnende Leere des Hauses einer eventuellen amerikanischen Wohnungs-Kommission noch glaubhaft machen können?*
*Auch das waren wieder aufregende Wochen und Monate! Wenn nur ein Auto langsam am Haus vorbei fuhr oder gar hielt, glaubte man, sein Schicksal sei nun besiegelt. So war ich zuletzt froh, als am Josefstag 1947 unser Haus besichtigt und auch gleich be-*

*schlagnahmt wurde, denn nun hatte man wenigstens Gewissheit. Die Kommission hielt es für möglich, dass wir als Hausbesitzer vielleicht in der Mansarde wohnen bleiben könnten. Bis wir wieder unter allerhand Schwierigkeiten – da das Geld schon ziemlich entwertet war, und die Leute beim Schwarzhandel mehr verdienten als bei der Arbeit, bekam man kaum Material und Arbeiter – letztere entlohnte ich zusätzlich mit verschiedenen Hausgeräten und Möbelstücken – die Mansarde ausgebaut hatten, kam ein Amerikaner, ein Sergeant mit seiner Frau, und beschlagnahmte das Haus für sich. Der Ami war einverstanden, dass wir in der Mansarde wohnten und für Ordnung in Haus und Garten sorgten. So wurden wir zum Hausmeister unseres eigenen Haus degradiert.*

*Die Amis waren nett zu uns; er war ein starker Trinker und wir gingen ihm halt möglichst aus dem Weg; ich glaube nicht, dass sie uns demütigen wollten, aber mir fiel am Anfang das Zusammenleben mit ihnen doch sehr schwer. Am eigenen Leib spürten wir, was es heißt, besiegt zu sein und wie arm wir waren. Die beiden Hunde der Amis hatten mehr und besseres Essen als wir. Mit Tränen in den Augen nahm ich manchmal von den vielen Fleisch- und Knochenresten, die ihre Hunde gar nicht fressen konnten, und machte eine kräftige Suppe für uns daraus.*

*Allmählich lernten wir uns gegenseitig besser kennen und verstehen, so dass ich die Amis am Heiligen Abend (6 Monate lebten wir bis dahin zusammen) zu uns in die Mansarde einlud. Sie sollten unserer Ansicht nach die Deutschen auch von einer anderen als der „Verbrecher-Seite“ kennen lernen.*

*Wie üblich richtete ich das Zimmer recht weihnachtlich, wir kleideten uns festlich und erwarteten die Gäste. Die Frau kam in den Hausschuhen, er hemdsärmlig! Wir ließen uns nicht stören und begingen den Abend in der üblichen feierlichen Weise. Anfangs standen die Beiden verlegen dabei, er die Hände in den Hosentaschen; allmählich wurden sie scheinbar doch von unserer weih-*

*nachtlichen Stimmung ergriffen, verlegen falteten beide die Hände und die Frau weinte. Als sie nachher auf unserem sehr bescheidenen Gabentisch auch eine Kleinigkeit für sich stehen sahen, waren sie sichtlich gerührt. Er stürzte aus dem Zimmer die Treppe hinunter und kam bald strahlend wieder: Schokolade, Kaffee, Zigaretten, so viel seine großen Hände umfassen konnten, hatte er als Geschenke für uns geholt.*
*Bis wir uns um 11 Uhr zum Gang in die Mitternachtsmesse anschickten, blieben sie sitzen und wir hatten den Eindruck, dass dieser Abend, der für uns in gewisser Weise ein Opfer war, zu einem Plus auf dem Konto der Deutschen wurde.*

*Leider wurde schon zwei Tage später darauf der Ami von seiner baldigen Versetzung nach Amerika in Kenntnis gesetzt und wir waren wieder im Ungewissen. So stellten wir uns an Silvester 1947 wieder die Fragen: was wird, was kommt, können wir im Haus bleiben?*
*Schon bald, Anfang Februar 48, waren sie leider für uns ungünstig entschieden: das Haus war leer, ein höherer amerikanischer Offizier wollte es beziehen. Zuerst wollte er uns wohnen lassen, aber durch eine Verkettung unglücklicher Umstände kamen wir in Verdacht, amerikanische Möbel gestohlen zu haben. Und so wurden wir wie Diebe aus unserem Haus gejagt. Ich werde später etwas darüber schreiben. Jedenfalls muss ich vorerst das Kapitel „Unser Haus“ auf diese unwürdige Weise beschließen.*

*15. Juni 1948*

*Wir stehen wieder einmal vor einer großen Wende: „Währungsreform“!*
*Es herrscht eine Nerven zerreißende Stimmung, alles hält den Atem an: kommt die Reform morgen, übermorgen, wann? Was*

*bringt sie uns? Zerreißt sie den letzten Schein von Bürgerlichkeit und zeigt uns erbarmungslos, dass wir alle Bettler sind? Oder wird es auch danach wieder Parasiten geben, die aus dem Elend des Volkes Nutzen ziehen? Was wird mit dem alten Geld, wie wird es abgewertet werden?*
*Diese und ähnliche Fragen werden zur Zeit wohl täglich Hunderte Male gestellt. Sie interessieren mehr als die Fragen um das tägliche, noch so kärgliche Brot. Jeder rennt, um ausstehende Rechnungen zu bezahlen oder für das alte Geld noch etwas zu erhaschen und sei es der größte Schund. Außer diesem gibt es sowieso nichts mehr. Kein Geschäftsmann hat noch Ware, bzw. er gibt sie nicht mehr her. Hoffentlich hört dieser Zustand bald auf! Unserem Volk bleibt wirklich nichts erspart. Auch jetzt noch, drei Jahre nach dem Krieg, haben wir keinen Frieden. Die Lebensmittel-Zuteilungen werden immer noch geringer, die Preise immer noch höher, die „Schieber" werden immer mehr, niemand will mehr arbeiten. Bei den geringsten Anlässen fahren die Menschen wie Bestien aufeinander los. Wo bleibt die „christliche Nächstenliebe"? Trotzdem hoffe ich, dass der Herrgott uns nicht ganz so verdammt, denn er weiß wohl, dass die Wenigsten bösen Willens sind, sondern sich einfach nicht mehr beherrschen können infolge der Unterernährung. Vielleicht wird es besser, wenn die Menschen wieder mehr Fett bekommen. Diesen Monat soll es zum ersten Mal 500 Gramm pro Kopf und Monat geben. In den letzten Monaten gab es nur 75 Gramm Fett und 200 Gramm Fleisch pro Monat."*

Damit endet das erste Kapitel der Aufzeichnungen meiner Mutter. Ich habe sie so übernommen, wie sie geschrieben sind, auch wenn ich gelegentlich etwas gezögert habe, da ihre Ausdrucksweise mit unserem heutigen Stil nicht mehr so richtig „konveniert", um es vorsichtig auszudrücken. Das gilt ganz besonders für ihr religiöses

Weltverständnis, das ich natürlich in meiner Kindheit und Jugend voll akzeptiert und adaptiert habe. Schließlich habe ich aber doch nichts gekürzt oder retuschiert, denn so war sie eben und so war ihr Leben und ihre Überzeugungen.

Zunächst aber bin ich es meinem Vater, der ja im letzten Kapitel praktisch kaum in Erscheinung trat, schuldig, seine Rolle im dritten Reich so gut ich kann nachzuzeichnen.

# 17. Mein Vater und das dritte Reich

In den ersten Kapiteln habe ich die Herkunft meines Vaters und seiner Familie ja schon ausführlich geschildert. Daraus lassen sich die Gründe für seine erste Berufswahl, die Offizierslaufbahn als Feuerwerker, recht klar herausdestillieren:
sein Aufwachsen in der Kaserne infolge der Tätigkeit seines Vaters im militärischen Dienst der Monarchie und später bei Hof als Leibgardienst des württembergischen Königs;
seine Begeisterung für den farbenfrohen Zauber dieser „Zinnsoldatenzeit" ; sein daraus erwachsener „glühender Patriotismus".

Den Ausdruck „Zinnsoldatenzeit" habe ich gewählt, weil mich die Schilderungen meines Vaters von Paraden und militärischen Aufmärschen an das Spielen eben mit diesen Heeren aus Zinn erinnern. Ein Freund von mir, sein Vater von Adel, hatte eine imposante Sammlung davon in den buntesten Uniformen, vornehmlich aus den diversen Kriegen des 19. Jahrhunderts. Sie waren hübsch anzuschauen, viel mehr war aber mit ihnen auch nicht anzufangen, denn sie fielen allzu leicht um. Dafür spielten die Väter damit, indem sie ganze Schlachten nachstellten.

Dieses Spiel hat ihn, wie wir gesehen haben, in den ersten Weltkrieg geführt, aus dem er entschieden verändert zurückgekehrt ist, und infolge davon dann zu seinem Berufswechsel zum kaufmännischen Angestellten.

Fünfzehn Jahre später kam Hitler an die Macht. Mein Vater war gerade mit seiner Familie von Leipzig nach München umgezogen, um die nächste Stufe seiner Karriere bei Bosch zu erklimmen. Wie schon berichtet, hat er seine ausführlichen Lebenserinnerungen, aus denen sicherlich konkrete Hinweise zu der politischen Ent-

wicklung und seine Einstellung dazu zu entnehmen gewesen wären, mit dem Ende des ersten Weltkrieges beendet. Allzu viele Hinweise oder gar Fakten gibt es also nicht.
Im zweiten Weltkrieg war er vom ersten Tag bis zum bitteren Ende in der Munitionsfabrik in Ingolstadt tätig, wohin er schon ein paar Tage vor Kriegsausbruch kommandiert wurde. Eine Kriegsdienstverweigerung gab es zu der Zeit bekanntlich nicht.
Mir ist nicht genau bekannt, ob er dort sofort als Hauptmann eingesetzt war oder diesen Rang erst später erreichte. Ich weiß aber, dass er in der dortigen Hierarchie der zweite Mann war; darüber stand noch ein Oberst als Chef. Dies weiß ich aus eigener Anschauung, denn im Jahr 1942 lebte ich mit meinen Eltern für einige Zeit in Ingolstadt unweit der „Muna“ in einem kleinen Dorf aus fünf oder sechs Häusern, das für die Unterbringung des Leitungspersonals erbaut war. Warum mein Vater seine Frau und mich zu sich nach Ingolstadt geholt und sie der Gefahr massiver Luftangriffe auf die kriegswichtige Fabrik aussetzte, habe ich leider nicht erfragt; der Grund trägt aber auch in diesem Zusammenhang nichts zur Sache bei.

Allerdings kam ich dort zum ersten mal in unmittelbaren Kontakt mit dem Feind:
Ich war wie üblich ganz früh am Morgen mit dem kleinen Bus auf dem Weg nach Ingolstadt zur Schule, da hielt dieser plötzlich auf freier Strecke, und es hieß: sofort aussteigen und draußen in Deckung gehen: Tiefflieger im Anflug! Tatsächlich krachte es gleich darauf, während wir uns an den Damm der kleinen Straße schmiegten, aber glücklicherweise sind auch Tiefflieger schnell vorüber und sie kamen nicht zurück.
Kurz darauf, bei einem nächtlichen Luftangriff, beobachteten wir, dass ein Flugzeug brennend über einem Feld abstürzte und liefen mit meinem Vater dorthin. Außer den brennenden Trümmern und dem englischen Emblem war nicht mehr viel zu sehen. Vater sag-

te: eine Spitfire, aber es schauderte mich, denn in dem Wrack glaubte ich einen Menschen verbrennen zu sehen.

Es gab aber auch erfreulichere Höhepunkte in der Zeit in Ingolstadt: ich feierte dort meine Erstkommunion, und das bei ungewöhnlich warmem Wetter, das die Kerzen langsam zu U-Haken verwandelte und meine kurze Hose, für die ich mich erst geschämt hatte, überhaupt nicht mehr deplaziert wirkte. Im übrigen ist festzuhalten, dass ich in der kurzen Zeit in Ingolstadt in der Schule eine Bewertung bekam, die offiziell überhaupt nicht existierte: ich bekam in Religion ein „hervorragend", was ich hiermit wenigstens posthum meiner Mutter weiterreichen möchte.

Doch das sind Arabesken am Rand. Zum Thema gehören jedoch die Randnotizen, die ich in dem kurzen Lebenslauf meines Vaters gefunden habe. Er schreibt dort:
*„Februar 1945: Geheime Verfügung betr. Einsatz von politischen Führungsoffizieren bei allen Truppenteilen. Kommandeur beauftragte mich mit Übernahme dieser Aufgabe. Ich abgelehnt. Kommandeur höchste Überraschung auf meinen Hinweis, dass für diese Aufgabe nur ein durch die nationalsozialistische Schulung hervorgegangenes Parteimitglied in Frage käme, also für mich Fehlanzeige. Kommandeur erschüttert, dass ich kein P.G. war, so gut hatte ich in den vergangenen Jahren bei Kommandeur und Kameraden meine Nichtzugehörigkeit zur Partei verbergen können."*

So stand also auch seiner Entnazifizierung gemäß Vermerk auf der „Deutschen Kennkarte" vom 2. August 1946 nichts im Wege: politisch überprüft, Spruchkammer München VI, 27.1.1948.
Nach den Fakten also ein überzeugender Freispruch.
Meine Mutter war da allerdings strenger in ihrem Urteil: wir alle - und damit meinte sie vermutlich besonders: Du! - hätten mehr dagegen tun müssen, wir alle sind mit schuld – und da möchte ich

ihr, bei allem Respekt gegenüber meinem Vater, letztendlich auch Recht geben.

Übrigens war meine Mutter alles andere als eine begeisterte Offiziersfrau. Uniformen gegenüber reagierte sie geradezu allergisch, ganz im Gegensatz zu jeder Art eines geistlichen Gewandes. Der „Herr Hauptmann“ erntete zuhause mehr Spott als Anerkennung. Und ganz besonders erboste sie das „gockelhafte Gehabe“, wenn sie meinte, dass ihr Mann bei einer schwereren Verrichtung mit anpacken sollte, etwa einmal den Kinderwagen schieben oder einen Koffer tragen; aber das war eben unter der Würde eines Offiziers in Uniform. Und als er einmal entgegen der Etikette seiner Frau beim Aussteigen aus dem Zug half, eine Hutschachtel aus dem Zug zu heben, passierte genau das, was im Leben nie passieren durfte! Der Bahnstein war eisbedeckt, der Herr Hauptmann glitt aus und landete der Länge nach auf dem Boden. Das Schlimmste aber war, dass er dabei auch noch mit dem Hintern die Hutschachtel zerquetschte, in der sich den Erzählungen nach etwa fünfzig rohe Eier befanden, die sie aus Mutters Heimat mitbekommen hatten. Mein Vater wusste sich nur durch sofortige Flucht zu helfen, während meine Mutter trotz des Verlusts der Eier nicht anders konnte als in lautes Lachen auszubrechen. Was dann mit dem angerührten Eierbrei weiter geschah, ist nicht überliefert worden, weil die Mutter immer wieder aufs Neue lachen musste, wenn die Geschichte aufgetischt wurde. Und ihr Lachen war höchst ansteckend!

Wem das Kapitel Nationalsozialismus doch etwas dünn erscheint, dem sei gesagt, dass ich als Kind fast nichts mitbekommen habe, was die Eltern mit gedämpfter Stimme noch im Schlafzimmer gesprochen haben. Es war ja damals jedes Wort gefährlich, welches das falsche Ohr erreichte. Schon, dass wir gelegentlich einen englischen Sender abhörten – das Radio stand dann unter einem massiven Eichentisch, über dem eine dicke Wolldecke bis zum Boden herabhing – war ja bereits Vaterlandsverrat! Ich wurde dann meist schon ins Bett gebracht, bekam aber doch Wind davon und wurde streng vergattert, ja meinen Freunden nichts davon zu sagen.

Für uns Kinder war der Krieg zunächst auch ein spannendes Spiel, das wir recht unbekümmert mitspielten. Die ganze Spielzeugindustrie war ja praktisch nur darauf ausgerichtet, Kinder und Jugend so früh wie möglich an die grausame Realität heranzuführen. Ich erinnere mich noch lebhaft, wie aus dem harmlosen Spiel „Flohhüpfen" ein Kriegsspiel wurde, indem auf Vorder- und Rückseite der Flöhe plötzlich Panzer, Geschütze und Flugzeuge eingeprägt waren.
Auch hörten wir natürlich begeistert die Sondermeldungen im Radio, wenn wieder eine Heldentat der deutschen Soldaten durchgegeben wurde. Ja, selbst unmittelbar nach den schwersten Luftangriffen brach eine regelrechte Sammelwut nach den begehrten „noch warmen" Granat- oder Bombensplittern aus. Und in den Regalen standen die Sammlungen von Panzern, Kriegsschiffen und Flugzeugen, die als „Winterhilfsabzeichen" verkauft wurden.

Aber das ist ja vielfach beschrieben und dokumentiert, und es ist ja auch nicht mein Thema; für die Eltern gab es diese sozusagen heitere Seite des Krieges nicht, da war alles blutiger Ernst im unmittelbaren Sinn des Wortes.

Schon vor einiger Zeit habe ich aus meiner Erinnerung das Kriegsende und damit den Untergang des dritten Reichs beschrieben; der Inhalt ist zwar vielleicht ein wenig weitschweifig, doch waren es ja im Leben meiner Eltern und auch in meinem Leben ganz entscheidende Wochen; deshalb soll ihre Schilderung auch hier den ihnen gebührenden Platz finden.

# 18. Kriegsende

Das „tausendjährige Reich“ schickte sich an, schon nach 12 Jahren ein unrühmliches Ende zu nehmen.
Die Truppen der Alliierten rückten unaufhaltsam vor; nachdem einmal die Verteidigungslinien am Rhein gefallen waren, gab es kaum mehr nennenswerten Widerstand durch die deutschen Truppen. Nur um die großen Städte wurde noch gekämpft, z.T. sogar erbittert, was dann zu längerem Artilleriebeschuss und weiteren großen Verlusten und Zerstörungen führte.

Mitte April 1945 näherte sich die Front dann München und wir hörten schon seit einigen Tagen gelegentlich fernen Geschützdonner. Die bange Frage war, ob München noch verteidigt werden würde, oder ob der für alle, die sehen konnten, absolut aussichtslose Krieg vielleicht doch noch vorher durch die Kapitulation der deutschen Seite beendet werden würde. Da aber die Hochburgen der SS in den bayerischen Bergen bei Berchtesgaden lagen, wo sich angeblich auch der Führer verschanzt haben sollte, war doch damit zu rechnen, dass der Wahnsinn des Widerstands „bis zum letzten Blutstropfen“ gehen würde, wie es in den Durchhalteparolen ja immer wieder beschworen wurde.

So zogen auch wir, meine Eltern und ich, sicherheitshalber mit einigen Möbeln – vor allem den Betten, aber auch dem holzgefeuerten Küchenherd – in den Keller und machten es uns gemütlich. Dies war jedenfalls tatsächlich meine Empfindung, denn der Keller bedeutete ja im Krieg so etwas wie Sicherheit; zumindest hatten wir es uns in den vielen Bombennächten immer eingeredet, dort relativ sicher zu sein. Der Villenvorort Solln am Rande der Stadt war ja auch für die feindlichen Bomber ziemlich uninteressant, da dort keinerlei kriegswichtigen Ziele lagen, und tatsächlich hatte es

bisher kaum Treffer gegeben, mit Ausnahme des einen, der meiner Schwester das Leben gekostet hatte. So standen wir bei den Fliegerangriffen denn auch etwas leichtfertig im Garten und suchten erst im letzten Moment, wenn man das dumpfe Brummen der Flieger schon ganz nahe hörte und die Flak ihr Feuer eröffnete, dann aber auch Hals über Kopf den mit Betonklötzen und Sandsäcken verstärkten Luftschutzkeller auf. Dieser war so für mich ein letzter, scheinbar sicherer Zufluchtsort geworden.
Und diesmal war unsere Familie ja beisammen; der Küchenherd bullerte, das Wasser „im Krandl“ summte und an den Wänden tanzte der Widerschein des Feuers im Herd: die Bezeichnung „gemütlich“ war also durchaus nicht unzutreffend.
Die anderen Hausbewohner hatten es vorgezogen, in Zelten im Forstenrieder Park zu kampieren, was von meinen Eltern ziemlich abfällig kommentiert wurde.

Am Abend, als es schon dunkel wurde, wagten wir uns noch einmal aus dem Haus. Vorsichtig wie bei einem Geländespiel schoben wir uns, gedeckt durch die Zäune und Hecken der Villengrundstücke bis zur Wolfratshauser Straße vor, der Hauptstraße nach München. Noch nicht ganz dort angekommen, hörten wir plötzlich ein seltsam mahlendes Geräusch, das sich langsam verstärkte. Mein kriegserfahrener Vater sagte nur ein Wort: „Panzer“, packte uns am Arm und ohne noch an weitere Deckung zu denken, rannten wir so schnell wir konnten den Weg zurück und verbarrikadierten uns im Keller.
Das wäre jedoch gar nicht nötig gewesen, denn die ganze Nacht über blieb es ruhig; von den ekelhaften mahlenden Geräuschen der Panzerketten war in unserem Versteck nichts mehr zu hören.

Auch am nächsten Morgen blieb es zunächst ruhig. An den meisten Häusern hingen bereits weiße Tücher aus den Fenstern und auch meine Mutter funktionierte ein Betttuch zur weißen Fahne um, ohne dass mein vorher so vorsichtiger Vater dagegen einschritt. Erst später hörten wir, dass eine derartige eigenmächtige Kapitulationserklärung manchen Leuten noch in den letzten Kriegstagen zum Verhängnis geworden ist und sie von SS-Männern kaltblütig erschossen wurden.

Es war wohl schon gegen Mittag, als dann Motorenlärm schnell näher kam. Da aber keine Schießerei zu hören war, liefen wir auf die Straße, die an unserem Haus vorbei in Richtung Sendling führt, wo eine endlos lange Kolonne amerikanischer Fahrzeuge vorbeirollte: kleine Schützenpanzer, Jeeps, Lastwagen verschiedener Größe. Die Menschen kamen aus ihren Häusern, manche fielen sich in die Arme, sie winkten, schwenkten auch weiße Fahnen. Die amerikanischen Soldaten winkten von ihren Fahrzeugen aus zurück. Es lag eine unbeschreibliche Stimmung von Befreiung und Freude in der Luft, dass der entsetzliche Spuk nun endlich ein Ende hatte, und zwar ein glückliches.

Doch plötzlich fiel ein Schuss, er pfiff an unserem Haus vorbei, ich höre ihn noch heute, es war für mich der erste und Gott sei Dank auch der letzte Schuss dieses Krieges. Warum ihn niemand ernsthaft zur Kenntnis nahm, weiß ich heute noch nicht; jedenfalls ging der Einmarsch friedlich weiter.

Nun waren sie also da, die Sieger und ersehnten Befreier. Und die Glücksgefühle brachen sich endlich Bahn: dass man dem Wahnsinn, dem Chaos, dem verbrecherischen Regime entkommen war, wohlbehalten an Leib und Leben, wenn auch in großer Not. Die einmarschierenden Amerikaner konnten sich bei uns als wirkliche Befreier feiern lassen, zumindest vom Großteil der deutschen Bevölkerung. Bei uns Kindern zogen natürlich besonders die Schwarzen die Blicke auf sich, hatten wir doch außer dem „Sarotti-Mohr“ noch nie einen leibhaftigen Neger gesehen.

Auch musste man uns erst beibringen, dass das Wort „Neger“ tunlichst nicht in Gegenwart eines Schwarzen oder besser eines „Farbigen“ gebraucht werden durfte. Dass Schwarze „Farbige“ sein sollten, hat mir nicht recht einleuchten wollen; nach meiner kindlichen Vorstellung erwartete ich wohl, dass dann zumindest auch noch Rothäute hätten auftauchen müssen, die uns Karl May um Längen näher gebracht hatte als es uns damals die Neger waren, literarisch gesehen jedenfalls.

Wenn ich in späteren Jahren diesen Einmarsch der Sieger Revue passieren ließ, so wurde mir erst bewusst, wie anders diese Soldaten aussahen als die unseren, von denen ich in den letzten Wochen gelegentlich ein paar abgerissene Exemplare zu Gesicht bekommen hatte. Sie waren einfach sichtlich am Ende, körperlich auf alle Fälle, und die meisten sicherlich auch psychisch. Dagegen machten die Sieger einen geradezu frischen Eindruck: sauber, gut genährt, gut ausgerüstet, locker, ja oftmals lachend. Nun hat der Sieger natürlich leicht lachen; bei den Amis aber war zu spüren, dass sie einfach nach dem Motto lebten: let's do the job, auch wenn es ein dreckiger war. Die ganze moralische, existentielle Last des „dulce decorumst pro patria mori“, die unseren jungen Männern von Jugend an aufgebürdet worden war, schien jenen zu fehlen. Mir ist das allerdings erst so richtig klar geworden, als ich als Student diese lateinische Heldenparole des süßen und ehrenvollen Sterbens für das Vaterland immer noch in unübersehbaren ehernen Lettern über dem Eingang des Audi Max der weitestgehend zerstörten Münchner Universität prangen sah, als übriggebliebene Fratze eines fatalen Patriotismus.

Doch zurück in das Frühjahr 1945.

Meine Mutter hat ja schon kurz über die wunderbare Errettung Papas vor der Kriegsgefangenschaft berichtet. Da das eine schier unglaubliche Geschichte ist, will ich sie hier noch etwas ausführlicher schildern.

Als das Kriegsende näher rückte, beschwor meine Mutter als eifrige Beterin – in diesen Fall mit meiner ungestümen Mitwirkung – Gott und seine Heiligen, an erster Stelle den heiligen Antonius, der ja für die Rückgewinnung von „Abhanden-Gekommenem" zuständig ist, dafür zu sorgen, dass Papa wohlbehalten aus dem Krieg zurückkäme. Unsere Gebete müssen die himmlischen Mächte doch beeindruckt haben, denn es ereignete sich ein Wunder: das Wunder der „Antonius-Beule", wie ich es nennen möchte. Eines Nachts, es war an Führers Geburtstag, also am 20. April, fuhr ein Motorrad mit Beiwagen der Wehrmacht in die Einfahrt unseres Hauses und ein Gefreiter führte den humpelnden Vater ins Haus. Herr Hauptmann Fischer hatte in der Kniekehle einen riesigen Furunkel bekommen, der ihn nicht nur am Laufen hinderte sondern auch das Anziehen eines Stiefels unmöglich machte – und was wäre ein deutscher Hauptmann ohne seine blankpolierten schwarzen Langschaftstiefel! Er war also vom Arzt krank bzw. kampfunfähig geschrieben und da die Lazarette durch verwundete Front-Soldaten überfüllt waren, verordnete sich mein Vater zur Auskurierung „Heimaturlaub". Einmal in der Obhut seiner resoluten Frau kam eine Rückkehr zum Dienst, noch dazu kurz vor dem absehbaren Kriegsende, unter keinen Umständen in Frage, auch wenn die Antonius-Beule so langsam wieder heilte. Und so weit ich weiß, hat auch niemand mehr in den letzten chaotischen Tagen nach ihm gefahndet. So ist also mein Vater mit Hilfe des heiligen Antonius – zumindest nach der Überzeugung meiner Mutter – in Hausschuhen und ohne offizielle Entlassung aus dem Krieg zurück gekehrt.

Die Geschichte hatte aber noch ein Nachspiel:
Einige Tage nach dem Einmarsch in München begehrten ein paar schwer bewaffnete amerikanische Soldaten sehr martialisch Ein-

lass und stürmten das Haus vom Keller bis in den Speicher, vermutlich auf der Suche nach versteckten deutschen Soldaten. Mein Vater mimte den harmlosen Zivilisten, er hatte sich inzwischen selbst entwaffnet, indem er den Uniformrock samt Degen an den Nagel gehängt hat. Dummerweise hing beides dann aber noch an diesem Nagel, richtiger an einem Garderobehaken. Außerdem wurden im Haus noch ein Stahlhelm und ein HJ-Messer gefunden. Die Lage war ernst. Die Amis wollten meinen Vater schon gefangen nehmen, als die Mutter geistesgegenwärtig die Corpus delicti dem Anführer des Trupps aufdrängte und mit den Worten: „Souvenir, Souvenir“ einen klassischen Bestechungsversuch unternahm. Und das Unglaubliche geschah: die Habsucht siegte wieder einmal über Gesetz und Disziplin und die Amis zogen mit ihrer Beute, aber ohne meinen Vater wieder ab. Die zur rechten Zeit erschienene „Antonius-Beule“ plagte meinen Vater noch eine ganze Zeit lang, wurde aber unterm Strich als echtes Gottesgeschenk gepriesen.

Mit der Kapitulation am 8.5.1945 war der Krieg dann auch endlich offiziell beendet und alle hofften, dass es nun langsam wieder bergauf gehe. Doch davon konnte zunächst keine Rede sein. Zwar gab es keine unmittelbare Lebensbedrohung mehr, auch durfte man alle Vorrichtungen und Geräte, die im Zusammenhang mit den Luftangriffen vorgeschrieben waren, wie Sandeimer, Feuerpatsche, Betonriegel vor den Kellerfenstern, Gasmasken u.Ä. entfernen und auch die abendliche Verdunkelung entfiel. Vor allem aber: man konnte die Nächte wieder ungestört durchschlafen und die Angst vor dem durch Mark und Bein gehenden Sirenengeheul schwand langsam, wenn auch nicht restlos. Ich vermute, dass jeder, der die Luftangriffe in den großen Städten erlebt hat, auch noch Jahre, wenn nicht Jahrzehnte später bei jedem Heulen der Sirenen unwillkürlich zusammenzuckt, auch wenn es sich nur um einen harmlosen Probealarm handelt. Mir ergeht es jedenfalls heute noch so.

# 19. Hunger

Während einerseits das Vertrauen in die langsame Normalisierung der Sicherheitslage zunahm, verschlechterte sich andererseits die allgemeine Versorgungslage noch weiter, die Verkehrslage war schlicht eine einzige Katastrophe und auch politisch war noch lange kein Silberstreif in Sicht. Deutschland litt bittere Not und vor allem litt es Hunger. Doch, der Lebensmut war ungebrochen und der Wille anzupacken grenzenlos und sei es auch nur durch Steine -Klopfen.

Das galt in besonderem Maß für meinen Vater: sein Betrieb, also das Verkaufshaus der Robert Bosch GmbH. in der Seidlstraße war faktisch nur noch ein Schutthaufen. So musste die Belegschaft, die sich langsam wieder einfand, so weit sie den Krieg überlebt hatte, tatsächlich mit dem Steine –Klopfen beginnen. Da es in der ersten Zeit kein Fahrzeug gab, musste mein Vater morgens erst einmal zwei Stunden zu Fuß in die Stadt pilgern und nach schwerer Arbeit abends wieder zurück, lediglich mit einer Handvoll steinharter Maroni und etwas getrocknetem Brot in der Tasche. Ich kann vor dieser Leistung nur voller Hochachtung den Hut ziehen!

Ein weiteres eigenes Erlebnis beleuchtet recht gut die Situation in dieser ersten Nachkriegszeit:
Ich weiß nicht, wie lang es gedauert hat, bis es bei Bosch, immerhin die größte damalige Auto-Zulieferfirma, wieder ein fahrbereites Vehikel gab, aber eines schönen Tages im Spätsommer 1945, oder war es 1946?, verkündete meine Mutter: *„morgen fährt Papa“* - sie sagte immer Papà, also mit Betonung auf dem zweiten a, die französische Aussprache galt eben als schick, *„mit dem Auto nach Heidenheim, da dürft ihr mitfahren“*; ihr, das war außer mir noch mein Freund Günther Hausen. Wo Heidenheim liegt, wussten

wir zwar nicht, aber die Aussicht auf eine Autofahrt war ja bereits eine Sensation.
Aber das Auto, das dann am nächsten Morgen vorfuhr, entsprach nicht so ganz meinen Erwartungen, denn von früher her war ich gewohnt, dass mein Vater mit einem schicken schwarzen BMW daherkam; jetzt war sein Auto von vorne zwar auch recht eindrucksvoll – es war ein schwarzer Plymouth- aber von hinten war es ein ordinärer Lastwagen; inzwischen haben wir gelernt, Pick up dazu zu sagen. Das seltsamste an dem Zwitterding war aber, dass sich auf der linken Seite ein regelrechter Ofen befand, in dem sogar Feuer brannte. Und dieses Feuer musste immer wieder neu geschürt werden, wozu einige Säcke Holz auf der Pritsche standen. Zu unserem Auto gehörte, wie auf einer Lokomotive, auch ein Heizer, der gleichzeitig der Chauffeur war, was er übrigens in den nächsten Jahren für meinen Vater auch blieb, wodurch ich ihn gut kennen lernen sollte.
Karl Siessegger, so hieß er, war d e r Urbayer schlechthin, vielleicht mit einem ganz kleinen südtiroler Einschlag. Ich sehe ihn noch heute vor mir mit seinem breiten, immer lachenden Gesicht, seinen Lederhosen, Wadlstrümpfen und Haferlschuhen. Genau besehen war sein Gesicht eher verschmitzt, aber die Augen lachten immer. Für mich war er fast mehr ein zweiter Vater als nur ein Fahrer; er war unglaublich gütig und hilfsbereit, seine Freizeit verbrachte er meist in den Bergen als Sanitäter und Bergwachtler. Ich bewunderte ihn, wie er trotz seiner Bärenkräfte mit seinen Fahrzeugen geradezu zärtlich umging. Wie feinfühlig sein Verhältnis zu ihnen war, erlebte ich viel später, als ich selbst schon die ersten Fahrversuche mit dem PKW meines Vaters hinter mir hatte, teils mit, teils ohne dessen Mitwirkung. Nun wollte ich es doch auch einmal mit einem LKW probieren. Als „Kare“, wie er allgemein genannt wurde, einmal seinen Lastwagen verließ und mich allein für kurze Zeit zurückließ, nutzte ich seine Abwesenheit, setzte mich ans Steuer und versuchte, einige Meter hin und her zu fahren.

Aber obwohl ich genau aufgepasst hatte und ebenso wie Kare vorher zweimal kuppelte, bevor ich den Gang einlegte, gab es ein unschönes knirschendes Geräusch und ich stellte erschrocken den kaum begonnenen Versuch wieder ein. Natürlich erzählte ich Kare nichts davon, als er wiederkam und losfahren wollte. Beim Schalten merkte er sofort, dass sich da einer an seinem Auto „rum g'spuilt“ hatte und wurde fuchsteufelswild.

Doch zurück zur Fahrt nach Heidenheim.
Mit dem Fahrer und meinen Eltern war die Pkw-Hälfte des Fahrzeugs voll und wir Buben mussten uns auf die hintere, die Lkw-Hälfte setzen, wo wir es uns nahe dem warmen Ofen auf den Holzsäcken so bequem wie möglich machten.
Die ca. 220 Kilometer lange Fahrt, zunächst auf der Autobahn München – Stuttgart dauerte endlos lang, nicht nur wegen des bescheidenen Tempos , sondern wegen der vielen Unterbrechungen auf der Strecke. Vor allem die Brücken waren alle von den deutschen Soldaten gesprengt worden in dem Glauben, dadurch den Feind aufhalten zu können, wodurch jetzt eben zahlreiche Umleitungen in Kauf zu nehmen waren. Außerdem erinnere ich mich, dass in der Gegend von Leipheim die Autobahn zu einer Start- und Landepiste für Flugzeuge umgebaut war, indem man den Grünstreifen zwischen den Fahrbahnen zubetoniert hatte. Auch waren auf der Schwäbischen Alb noch einige Tunnels gesperrt, in denen in den letzten Kriegsjahren Munition gefertigt und versteckt worden war. Und schließlich mussten wir auch noch eine Zonengrenze passieren, denn wir kamen von der amerikanischen in die französische Besatzungszone, wozu sogar eine Sondergenehmigung erforderlich war.
Trotzdem erreichten wir endlich unser Ziel. Und es schien uns, als ob wir ins Paradies oder mindestens ins Schlaraffenland gelangt wären, denn es gab Obst in Hülle und Fülle: Äpfel und Birnen lagen einfach so unter den Bäumen am Straßenrand – und wir durf-

ten sie sogar auflesen! Meine Mutter hatte den bei der Obsternte tätigen Bauern die Not der Städter so drastisch geschildert, dass sie uns das Fallobstsammeln erlaubten. So füllten wir die schon leer gewordenen Holzsäcke mit dem Obst. Auch wenn es nicht ganz das war, was man sich unter Paradiesäpfeln vorstellt, nahmen wir sie einfach für solche; zuhause gab es dann eine ganze Woche lang köstliches Apfelmus.

Auf der Rückfahrt nach München kam das Holzvergaserauto dann mit einer sehr angenehmen Seite zur Geltung.
In der Nähe von Günzburg – ich fahre noch heute nie an der Stelle vorbei, ohne an diese Geschichte zu denken – hatten wir eine Reifenpanne. Das war damals nichts besonderes, es wurde dann eben der Schlauch repariert, wie wir das vom Fahrrad kennen. Da das einige Zeit in Anspruch nehmen würde, erlaubte man uns Buben, in einem kleinen See, der nicht weit von der Autobahn entfernt war, zu baden. Auf dem Weg dorthin war allerdings noch ein Bächlein zu überwinden, das aber nicht tief zu sein schien. Also Schuhe und Strümpfe ausgezogen und hinein. Doch schon beim ersten Schritt stand ich bis zum Bauch im Wasser; das was wir für den Grund gehalten hatten, war schlammiger Morast, der sich noch dazu als ziemlich übel riechend erwies. Mein Freund, der mich sicherheitshalber erst einmal hatte voraus gehen lassen, half mir wieder aus der prekären Lage heraus, denn allein bekam ich die Beine kaum mehr aus dem klebrigen Sumpf. Ziemlich kleinlaut haben wir unsere Badepläne fallen gelassen und sind zum Auto zurückgekehrt, ich nur mit einer ursprünglich weißen Unterhose bekleidet, die als solche aber kaum noch zu erkennen war. Bis wir wieder in München ankamen, hatte unser Autoofen gute Arbeit geleistet, indem er uns gewärmt und auch meine nassen Kleider getrocknet hat, und ich konnte wieder einigermaßen anständig bekleidet nach Hause gehen, was allerdings nur fürs Auge galt, denn die Nase hätte den Ausdruck anständig wohl nicht mitgetragen.

Eine andere kleine Geschichte mit Kare in der Hauptrolle möchte ich noch erzählen, wirft sie doch ein besonders helles Licht auf die damaligen Lebensumstände, die in erster Linie geprägt waren durch den Kampf gegen den Hunger.
Die offizielle Versorgungslage kann man überall nachlesen; die nüchternen Zahlen, wie viel Fett, Fleisch oder Kartoffeln man pro Kopf und Monat per Lebensmittelkarte bekommen hat, sagen aber eigentlich nur aus, dass man davon allein unmöglich leben konnte. Es gab praktisch nur drei Auswege: Selbstversorgung, Schwarzer Markt und Hamstern.

Der Schwarze Markt blühte; dort gab es so gut wie alles, was das Herz oder besser Gaumen und Magen begehrten, aber wenige konnten die Schwarzmarkt-Preise bezahlen. Blieb das Hamstern, gelegentlich auch „grauer Markt" genannt, eine Art Tauschhandel, bei dem Wertsachen wie Silber, Schmuck, Pelze, gegen Essbares umgetauscht wurden. Das sah dann so aus, dass ein nicht abreißender Strom von hungernden Menschen mit ihren vermeintlichen Schätzen aufs Land hinaus zu den Bauern fuhren und abends mit einigen Eiern, Butter, Milch oder Fleisch zurückkamen – wenn sie Glück hatten, denn oft ging nichts mehr, weil die Bauersfrauen schon mehrere Garnituren von silbernem Besteck hatten oder einfach keinen dritten und vierten Pelz mehr brauchten.
Außerdem war das Hamstern verboten, und deshalb gab es überall Kontrollen, vor allem Fahrzeuge wurden an den Ein- und Ausfallstraßen der Stadt eingehend „gefilzt".

In dieser Situation betritt nun also „Kare" die Bühne. Er hatte die Aufgabe die im „Boschhof" produzierten Lebensmittel per Lkw zum Bosch-Verkaufshaus zu bringen, wo man eine Kantine zur Versorgung der Mitarbeiter eingerichtet hatte. Der „Boschhof" war ein Experiment von „Vater Bosch"; der Gründer des Unterneh-

mens, ein recht erfolgreicher schwäbischer Tüftler, wollte damit den in seinen Augen unfähigen Bayern beweisen, dass man auch den moorigen Voralpenboden ertragbringend bewirtschaften konnte. Dazu hat er in der Nähe von Beuerberg einen großen Hof erworben, um sein Experiment zu starten. Und von dort sollte wieder eine Ladung nach München geschmuggelt werden.
Unser Kare wusste die Sperren in der Regel zu umfahren, aber eines Tages hat man ihn doch erwischt. Als er von dem Kontrollposten gefragt wurde, was er geladen habe, antwortete er mit seinem breitesten Grinsen: *„300 Eier, zwoa Zentner Butter und drei Säu, brauchst ja blos auffi schaugn!"* Darauf der Polizist: *„Du wuist mi woi dablecka, Hund verreckta, hau ab!"* Was Kare sich nicht zweimal sagen ließ. Man sieht: die der Wahrheit entsprechende Aufzählung der so begehrten Güter war so unvorstellbar, dass sie absolut unglaubwürdig wirkte.
Übrigens ist Vater Bosch mit seinem Experiment nicht so recht glücklich geworden. Er hat viel Geld hineingesteckt, aber sich schließlich auch der kargen Natur beugen müssen, auch wenn die „Kare-Geschichte" beweist, dass der Boschhof in der schlechten Zeit eine große Hilfe war.

Zum Thema Hunger ist noch zu ergänzen, dass wir nicht so ganz schlimm darunter gelitten haben, da wir eben einen relativ großen Garten hatten; er und eine recht umfangreiche Kleintierhaltung mit Hühnern und Hasen bescherte uns eine gewisse Autonomie. Obst, Kartoffeln und Wein lieferte, wenn auch in begrenztem Umfang, die mütterliche Heimat; und außerdem waren wir fleißige Sammler, die Wälder um Steinebach kannten wir recht gut und auch die Plätze, wo Beeren und Pilze zu finden waren. Daneben kannte meine Mutter auch Kräuter jeder Art und selbst mit Sauerampfer, Bucheckern und Waldmeister konnte sie noch etwas zaubern. Nur Milch konnte auch sie nicht produzieren und die Substi-

tution durch Milchpulver versagte bei dem von Papa und mir so beliebten Abendessen: geröstete Kartoffeln mit saurer Milch.
Da wir, wie schon gesagt, im Sommer die meiste Zeit in Steinebach lebten, waren wir mit den meisten Bauern bekannt. Ich ging dort sogar ein halbes Jahr zur Schule und hatte eine Schulfreundin, die Tochter des Molkereibesitzers Eberl. Der erste Gang nach der Ankunft im Bahnhof Steinebach war immer die Molkerei, wo es in der Regel einen Becher Milch für mich gab, garniert mit einem roten Kopf der ohnehin schon rotbackigen „Leni“ mit den dicken blonden Zöpfen, die nachmittags schon im Geschäft aushelfen musste.
Für die Kartoffeln reichte das natürlich noch nicht, und so suchten wir bei unseren Milch-Bettelgängen eben unsere verschiedenen Bauern auf, natürlich dosiert, denn man durfte ein Quelle nicht überstrapazieren, sonst bestand die Gefahr, dass sie ganz versiegte. Während meine Mutter sich meist eine Weile zu den Großeltern in die Küche setzte und sich nach dem Stand der Dinge in Haus und Stall erkundigte und dabei als Tochter aus einem bäuerlichen Hausstand viel Verständnis für die Sorgen und Nöte der Bauern aufbringen, ja gelegentlich auch zwischen Alt und Jung, wo es oft im Argen lag, vermitteln konnte. In den Wintermonaten hatte sie mehrmals eine der Bauerntöchter als „Mädchen“ in unsrem Haus in Solln, die auf diese Weise bei „Frau Direktor“ eine Art gehobenen Kochunterricht erhielt.
Ich durfte inzwischen meist in den Stall gehen und nach dem „Viech“ schauen und mit den Söhnen oder Knechten schwätzen. Da habe ich auch bayerisch gelernt, denn zuhause war ja nur hochdeutsch erlaubt. Neben diesen Milchbettelbesuchen, denn darauf lief es letztlich hinaus, wurde es aber von den Bauern sehr geschätzt, wenn man auch bereit war, bei der Arbeit zu helfen. Meine Mutter, die noch „mit dem Wetter lebte“, wie sie das nannte, hatte immer einen Blick auf seine Entwicklung; bei einem aufziehenden Gewitter rannte sie mit mir im Schlepptau oft noch schnell zu den

Erntewagen aufs Feld hinauf, um den Bauern beim Aufladen zu helfen, damit Heu oder Getreide möglichst noch trocken in die Scheune kam. Sie war zwar körperlich kein Held, aber der gute Wille und überhaupt schon das Mitdenken wurden doch sehr geschätzt und brachte schöne Früchte in Gestalt einer meist gefüllten blechernen Milchkanne, ein paar Eiern oder einem Batzen Butter.

Schließlich ist noch von einer weiteren Form der Nahrungsbeschaffung zu berichten, die meist einen durchaus vergnüglichen, manchmal auch sportlichen Charakter hatte, allerdings oft auch nicht von Erfolg gekrönt war, nämlich das Fischen.
Unsere besten Fischgründe lagen bei der Insel, wo in der damals noch dichten Schilfzone die Rotfedern und Schleien standen. Bei den Stempen, die man schon sehr gut kennen musste, um sie etwa einen Meter unter der Wasseroberfläche wieder zu finden, bissen Brachsen und Barsche; erstere waren wegen ihrer vielen Gräten weniger beliebt, dagegen letztere nicht nur wegen ihres für Raubfische typischen festen Fleisches sondern auch wegen ihres lebhaften und kraftvollen Kampfes an der Angel um so beliebter.
Das Fischen, das in der Familie meines Vaters ja lang der „Haupt-Broterwerb“ war, lernte ich aber nicht vom Vater sondern von meinem Schwager Philipp, der als Solo-Cellist offenbar mit Saiten aller Art umgehen konnte. Wenn er mit meiner Schwester, später Braut und Frau, und mit Leia, unserem Ruderboot schon früh morgens loszog, durfte ich als kleiner Junge auch schon einmal eine Angel halten. Schnell hatte ich den Bogen heraus und trug in den Hungerjahren, später auch allein fischend, mit so mancher Fischmahlzeit zur Versorgung der Familie bei. Mein Vater konnte wegen seiner kriegsbedingten Abwesenheit erst später in das alte Familiengewerbe einsteigen; ein richtig begeisterter Angler ist er aber nie geworden, ihm war das Erleben der schönen Natur der deutlich größere Genuss, und ich musste ihn oft erst darauf aufmerksam machen, dass er wohl einen Fisch an der Angel habe.

Zu dem Stichwort „Hunger“ passt noch eine weitere Geschichte und zwar eine mit geradezu biblischem Maßstab.

# 20. Das Wunder des reichen Fischfangs

Es dürfte im Sommer des Jahres 1944 gewesen sein, in dem die feindlichen Bombergeschwader häufig auf ihrem Anflug nach München am helllichten Tag von Westen kommend über den Wörthsee hinwegflogen. Wir standen dann meist, vom „Kuckucksruf“ im Radio vorgewarnt, auf unserer Terrasse und sahen mit bangem Herzen dieser gigantischen Flugschau zu: 80, 100 und mehr der in der Sonne hell glänzenden viermotorigen Bomber zogen in wohlgeordneter Formation hoch oben am Himmel über unsere Köpfe hinweg, meist ungestört von unserer deutschen Luftwaffe. Erst ca. 15 km hinter Steinebach war bei dem kleinen Flugplatz Oberpfaffenhofen eine Flak postiert, die ihre kleinen weißen Wölkchen zwischen die Bomber setzte, aber nie traf und den Aufmarsch der Geschwader nicht zu beeindrucken schien.
Doch plötzlich mischte sich in das gleichmäßige Dröhnen der Motoren ein hoher Pfeifton, der schnell lauter und durchdringender wurde. Nach wenigen Augenblicken ging das Pfeifen in ein durch Mark und Bein gehendes Jaulen über. Meine Mutter packte mich – oder auch ich sie, so genau weiß ich das nicht mehr – und instinktiv warfen wir uns im Schutz einer kleinen Kommode auf den Boden. Dann krachte es auch schon zwei, drei mal ganz fürchterlich; danach war es ganz still, beklemmend still.
Als wir uns wieder auf den Balkon wagten, war weit und breit nichts zu sehen und zu hören. Die Bomber waren längst in Richtung München verschwunden und auch die Flak hatte ihr Abwehrfeuer eingestellt. Der See glänzte ruhig und friedlich in der Mittagsonne. Wir suchten ihn nach allen Richtungen mit den Augen ab, denn wir vermuteten, dass die Bomben irgendwo in den See eingeschlagen sein mussten. Tatsächlich rollten nach kurzer Zeit einige Wellen an den Strand und bestätigten damit unsere Vermutung. Sonst war nichts Auffälliges zu beobachten und gar mit einem

wunderbaren Ereignis rechneten wir am allerwenigsten; wir waren froh und dankbar, dass wir mit dem Schreck davongekommen waren.

Wenig später veränderte der See sein Gesicht: er glänzte jetzt nicht nur in der Sonne, er glänzte eindeutig silbern, und zwar genau gegenüber unserem Haus in Richtung Insel.

„Das müssen tote Fische sein!“ rief meine Mutter, und schon zog sie mich mit schnellen Schritten zum Bootshaus hinunter. Schnell hatte ich begriffen, was zu tun war: das Boot klarmachen, noch rasch einen Eimer und einen Kescher hinein werfen und dann so schnell wie möglich zum Silbersegen bei der Insel rudern.

Im Rudern waren wir ein gutes Team und hatten ein gutes Boot mit vier Rudern, und so waren wir die ersten auf dem riesigen Selbstbedienungs-Fischmarkt; aber auch andere hatten den Vorgang offenbar bemerkt, denn es näherten sich von allen Seiten Boote, doch bis sie eintrafen, hatten wir unser Boot schon ganz schön gefüllt. Mit unserer professionellen Ausrüstung war das auch kein Wunder, denn wer ohne Kescher einen glitschigen Fisch aus dem Wasser ziehen muss, hat da so seine liebe Not damit. Es waren überwiegend Renken, die sonst mit der Angel gar nicht zu bekommen sind, aber auch alle anderen Arten, einschließlich großer Raubfische, Hechte und Zander.

Plötzlich signalisierte ein leises Brummen, dass sich ein Motorboot näherte. Und da es nur ein Motorboot am See gab, wusste jeder, dass es nur der Fischer Dellinger sein konnte, der das Fischrecht am See hatte und in Walchstatt wohnte, also fast genau gegenüber von uns. Dementsprechend preschte er auch von der anderen Seite an das Getümmel heran und verlangte von jedem Boot die schon erbeuteten Fische zurück, die ja sein Eigentum waren.

Wieder schaltete meine Mutter schnell und mit Maximalgeschwindigkeit ruderten wir in unser Bootshaus zurück, warfen dort die größten Fische aus dem Kahn, kippten dazu den Eimer mit Renken

halb aus und begaben uns dann langsam wieder hinaus zum inzwischen weitgehend abgeräumten Silbersee.
Als der Fischer dann zu uns kam und unsere (Rest-)Beute sah, wollte er die paar Renken, die noch im Eimer waren, gar nicht haben und sagte generös: „Does Kloazeig kennts b'halten!"; vermutlich hat er den triumphierenden Blick meiner Mutter nicht gesehen, als wir daraufhin abdrehten und gemächlich nachhause ruderten.
Bei Einbruch der Dunkelheit sind wir dann noch einmal ein bisschen herumgerudert und haben, nicht weit von unserem Haus entfernt, noch ein paar kapitale Burschen gefunden und ins Boot gehievt. „Fisch-satt" hieß dann die Losung in den nächsten Tagen, ja Wochen, es gab Fisch in jeder erdenklichen Form, und das nicht nur bei uns sondern auch bei unseren Freunden; hungrige Mäuler zu finden war ja damals weiß Gott nicht schwer.

Natürlich wusste meine Mutter, dass wir Mundraub begangen hatten, aber konnte, ja durfte man ein Geschenk des Himmels so einfach abweisen? Es sah mir jedenfalls bei späteren Erzählungen dieses Erlebnisses nicht danach aus, als ob sie unter allzu großen Gewissensbissen litte. Wenn man sie vorsichtig darauf ansprach, meinte sie fast entrüstet, wir würden dem Fischer schon seit vielen Jahren für unsere Fischkarte ohnehin so viel Geld zahlen, dafür aber nur ein paar kleine Schwänzchen herausholen, da wäre eine anständige Beute jetzt endlich einmal ein gerechter Ausgleich.

## 21. Lebenserinnerungen meiner Mutter, Teil II
### Nachträge nach der Währungsreform

*23.6.1948*

*Gott sei Dank, wir haben es hinter uns!*
*Es ist jetzt amtlich bestätigt, dass wir alle arm sind; je mehr wir uns darauf einstellen, desto besser wird es sein. Wir werden viele bürgerliche Begriffe korrigieren, wenn nicht streichen müssen! Um viele ist's nicht schade, denn wie hohl und morsch war Vieles! Wenn wir z.B. jetzt, wo wir vor dem Nichts stehen und ganz von vorne anfangen müssen, auch mit unserem Christentum ganz vorne anfingen – und da heißt es:*
*1. Du sollst den Herrn, deinen Gott lieben und*
*2. Du sollst deinen Nächsten lieben wie dich selbst –,*
*dann würde dieser Zusammenbruch unserer Habe uns zum größten Segen gedient haben. Trotz unserer Armut könnten wir überaus reich sein. Ich will mich jedenfalls bemühen, so viel in meinen schwachen Kräften liegt, mir ewige Werte zu schaffen.*
*Nie ist `s mir so klar geworden, wie eitel alle Schätze der Welt sind und wie unfrei sie den Menschen machen. Es hat mich oft tief ergriffen, wenn ich aus dem Gesicht so vieler Menschen die „Umkrallung" so deutlich ersah, dass es bis zur Fratze entstellt war. Ach dass wir doch alle, die wir noch ein Bisschen etwas haben und vor allem noch etwas verdienen können, dafür sorgten, dass die versorgten und verkümmerten Gesichter der armen, alten Leute etwas erhellt würden!...*

*Walchensee, August 1948*

*Nun ist zunächst mal das Geld entwertet, in ca. 6 Monaten soll der „Lastenausgleich" folgen. Jeder Besitz soll belastet werden, wie hoch, weiß noch niemand – viele Hausbesitzer werden ihr Haus nicht mehr halten können! Und wahrscheinlich ist dieser Lastenausgleich noch nicht das Letzte: wenn unsere Sieger unter sich einig werden und uns ihre Friedensbedingungen bekannt geben, werden wir wahrscheinlich große Augen über die uns auferlegten Kriegsschulden machen. Armes, armes deutsches Volk!*
*Aber wer weiß, wie lange es noch dauert, bis wir den Tiefpunkt erreicht haben! Jeder der Sieger hat eine andere Ansicht über das künftige Deutschland, und wenn überhaupt, kann es noch lange dauern, bis sie sich einigen. Seit Wochen wird nur über Berlin gestritten. Jeder der Sieger hat dort seinen Sektor, nun wollen die Russen Berlin allein, die anderen geben dies nicht zu und da haben die Russen sämtliche Verkehrs- und Eisenbahnverbindungen nach Berlin gesperrt. Die Berliner, die nicht im russischen Sektor wohnen, werden nun seit Wochen von amerikanischen und englischen Flugzeugen aus der Luft verpflegt. Man kann sich vorstellen, dass es da nur kleine Rationen geben kann und muss sich wundern, dass es die Millionen doch so ruhig hinnehmen.*
*Das ist jetzt, Ende August 1948, 3 ¼ Jahre nach Kriegsende unsere Situation; sie gibt uns wahrlich wenig Hoffnung auf baldige, geordnete Friedensverhältnisse.*

*Ich bin seit 14 Tagen hier in Walchensee zur Erholung. Mein Herz will nicht mehr recht mittun. Kein Wunder bei all den Sorgen und Leiden der vergangenen Jahre. Am liebsten möchte ich ganz die Augen schließen, um endlich Ruhe und Frieden zu finden, aber wie arm und verlassen wären dann meine beiden Lieben! Ihretwegen muss ich mich pflegen und den Herrgott bitten, mich ihnen noch wenigstens einige Jahre zu erhalten.*

*Hier ist es wunderschön und vor allem sehr ruhig. Und nirgends eingeengt, das Haus liegt ganz einsam und frei, direkt am See. Es kommt mir erst recht zum Bewusstsein, wie beengt wir z.Z. in Solln wohnen. In der Mansarde unseres Hauses war's wohl auch eng, aber wir hatten doch nach allen Seiten einen schönen freien Blick. Die Zweizimmerwohnung, die uns nach der "Austreibung" aus unserem Haus in der Heilmannstraße 37 zugewiesen wurde, ist parterre, sehr kalt und sehr eng. Es hat nicht den Anschein, als können wir bald wieder in unser Haus zurück. Bevor es nicht ganz frei wird, möchte ich nicht mehr darin wohnen, denn wir möchten uns nicht nochmals solchen Verdächtigungen und Demütigungen aussetzen wie im Januar dieses Jahres.*

*Eigentlich hatte ich mir vorgenommen, die Einzelheiten unserer „Austreibung" näher zu beschreiben, doch heute, ein halbes Jahr danach, lohnt es sich gar nicht mehr. Ich bin auch viel zu müde dazu! Nur so viel:*
*Der Amerikaner, der in unserem Haus wohnte, hatte Möbel unterschlagen. Erst wurden wir der Unterschlagungen bezichtigt und entsprechend behandelt. Als endlich nach drei Wochen unsere Unschuld erwiesen war, schworen wir uns, lieber noch so eng und primitiv – aber als eigener freier Herr – zu wohnen, als sich nochmals derartigen Demütigungen und Aufregungen auszusetzen. Und so sind wir trotz allem mit der Lösung in der Heilmannstraße recht zufrieden. Es ist nur bedauerlich, dass wir kein Plätzchen mehr haben, um ein Mädchen unterzubringen, das ich in meinem derzeitigen Gesundheitszustand so nötig hätte. Doch der Herrgott weiß, warum er dieses Opfer von mir fordert!*

*20. 8. 48*

*Langsam geht es mir besser. Wir haben trotz aller Sorgen schon recht vergnügte Tage erlebt – und Nächte! Mit Hirsch und Jagdabenteuer – aufregend!*
*Nein, es ist kein Jägerlatein – ich will's ausführlich berichten zum späteren Ergötzen von uns allen.*

*Eines Tages sagte mir Herr Bräu, unser Hauswirt, er komme zur Zeit sehr wenig zum Schlafen, da er nachts die Hirsche von seinem Feld vertreiben müsse. Ich konnte es gar nicht glauben, dass die Hirsche so weit herunterkommen und sagte: „da muss ich auch mal dabei sein". Als Hermann-Friedrich auch hier war, beschlossen wir, an einem zu erwartenden mondhellen Abend auf den „Anstand" zu gehen. Herr Bräu versprach, an diesem Abend nicht mit dem Hund hinaus zu gehen, um die Hirsche nicht zu verjagen.*
*Also, wir mummten uns ein – es war leider doch wolkig und kühl geworden – bewaffneten uns jeder mit einem großen Prügel und der Bub noch außerdem mit einem großen Messer, ließen uns von der ganzen Familie Bräu, samt den übrigen Hausgästen „Weidmannsheil" wünschen und bezogen erwartungsvoll unseren Stand bzw. unseren Sitz, eine 200 Meter vom Haus entfernte Sitzbank unter einem Baum. Wie verhielten uns mäuschenstill, hörten fast den eigenen Herzschlag und starrten wie gebannt auf den vor uns liegenden Hügel, wo der Hirsch, nach unserer Annahme, herunterkommen musste. Es war ausgemacht, dass in diesem Fall kein Laut ertönen dürfe, sondern wer zuerst den Hirsch sieht, drückt nur fest die Hand des anderen.*
*Wir starrten und starrten, nichts rührte sich, fast eine Stunde lang. Heroisch ertrugen wir das Stechen und Beißen von Hunderten kleinen Mücken, wagten keine Handbewegung dagegen zu machen, aus Sorge, der Hirsch könnte dadurch verschreckt werden. Es war unheimlich still, im wahrsten Sinne des Wortes!*
*Leider hatte die Bewölkung zugenommen und wir konnten nur auf kurze Entfernung hin etwas erkennen.*

*Alle Sinne waren aufs Höchste gespannt – da plötzlich murmelte der Bub (das stille Zeichen des Handdrückens hatte er in der Aufregung vergessen) „da steht der Hirsch". Ein Ungeheuer wie der „Leibhaftige" stand, etwa 10 Meter vor uns, bellte „ha" und war wieder verschwunden. Der Kerl war ganz unprogrammgemäß nicht den angestarrten Hügel herunter-, sondern die Mulde heraufgezogen. Alles war wie ein aufregender Spuk! Papa pirschte mit seinem großen Stock den Kartoffelacker entlang, er wollte uns den Hirsch wieder zutreiben. Wieder war es mäuschenstill, nachdem Vaters Schritte verhallt waren. Wir beide, der Bub und ich, hielten uns fest bei den Händen und in den anderen Händen unsere „Waffen". Ich glaube, wir hielten uns deshalb so fest, um als „tapfere Schwaben" im Moment der Gefahr sofort losrennen zu können.*

*Doch wieder kam es ganz anders! Wie wir so dastanden und atemlos lauschten, hörten wir plötzlich direkt neben uns wieder bellen „ha, ha", sahen aber weit und breit nichts. Wir waren wie gelähmt vor Angst und Schrecken. Hätte der Hirsch uns umgerannt, wir hätten weder unsere Waffen gebrauchen, noch davon rennen können. Nur zittern konnten wir. In der Ferne hörten wir nochmals das Bellen und dann das Fallen einer Zaunstange, gegen die der Hirsch gesprungen war. Wir bebten immer noch und ersehnten Papas Rückkehr. Endlich kam er, sagte, auch er habe nichts mehr gesehen, nur noch das Bellen gehört.*

*Wir beschlossen, das unrühmliche Abenteuer zu beenden und zogen heim.*

*Hätten wir anderen morgens nicht die frischen Spuren des Hirsches gesehen, wäre unser Erlebnis wohl für Jägerlatein gehalten worden. Wir fühlten uns anderen morgens – wo ja keine Gefahr mehr bestand – wie Helden und trugen stärkstes Jägerlatein auf, als ein im Hause wohnendes Ehepaar nach unserem nächtlichen Abenteuer fragte. Ich sagte:*

*„Wir hätten uns die Haare raufen können vor Bedauern, dass Sie nicht dabei waren, denn dann hätten wir den Hirsch erwischt. Am Geweih hatten wir ihn, doch er schleuderte uns zur Seite und rannte davon."*
*Die Beiden glaubten uns und bestaunten uns gehörig, bis wir hellauf lachen mussten. Ja, es war wirklich ein lustiges Abenteuer, das wir bald selbst bezweifelt hätten, wenn nicht zwei Tage später der Hirsch vor uns gelegen hätte.*

*Das kam so: anderntags kam der Förster und sagte:*
*„Heute Abend wird der Hirsch geschossen."*
*Voll Spannung sahen wir dem Ereignis entgegen. Als wir im Bett waren, kamen die beiden Jäger auf unseren Balkon, um von hier aus den Hirsch zu schießen. Wir getrauten uns im Bett kaum zu atmen, viel weniger uns zu rühren – bald musste der erwartete Schuss fallen! Da, als die Spannung am höchsten war, fuhren zwei Amerikaner-Autos zum See, hupten und leuchteten mit ihren Scheinwerfern den See ab; die Ruhe und der Hirsch waren weg!*

*Verärgert zogen die Jäger ab und auch wir äußerten uns nicht gerade liebenswürdig über die Ruhestörer.*
*„Aufgeschoben ist nicht aufgehoben!"*

*Am nächsten Abend erwarteten die Jäger den Hirsch unten am See, ca. 80 Meter von uns weg. Wir erhielten von ihnen die Anweisung, nicht auf den Balkon zu gehen, da ja in diese Richtung wahrscheinlich geschossen werde.*
*Wieder lagen wir fast regungslos im Bett, alle Sinne gespannt. Da, ein Schuss!*
*„Halt, nicht gleich auf den Balkon!" riefen wir uns zu, „es könnte noch ein Schuss fallen". Fiebernd vor Erregung warteten wir noch einige Sekunden, hörten dann ein Röcheln, stürzten auf den Balkon*

*– noch ein Röcheln, und 30 Meter vor unserem Balkon brach der Hirsch zusammen.*
*Wir hinunter, ich den Buben, die im Heu schliefen, geklopft, dass mir die Fäuste weh taten, und dann zum Hirsch hin, war eins. Vor den Jägern waren wir schon da und bestaunten den Kapitalshirsch, ein Zwölfender! Der Forstmeister hatte ihn zur Strecke gebracht, stolz leuchteten seine Augen, als ich ihm das erste „Weidmannsheil" wünschte. Inzwischen kam auch Hermann-Friedrich aus der Scheuer gerannt, seine Freunde lang hinterher – alle rissen Mund und Augen auf! Ja, es war ein leibhaftiger, großer Hirsch von ca. 3 ½ Zentnern und unser nächtliches Erlebnis mit ihm vor zwei Tagen war kein Spuk gewesen!*

*Walchensee, 12. August 1949*

*Wieder sind wir hier auf drei Wochen in den Ferien. Eben las ich meine Zeilen vom letzten Jahr und überdenke das vergangene Jahr: widerlich war Vieles.*
*Bis zur Währungsreform war kaum etwas zu bekommen, bald danach waren alle Geschäfte voll Waren. Und heute kann man wieder alles im Überfluss haben, aber die meisten Leute haben kein Geld. Die Lebensmittelpreise sind viel zu hoch, so dass Viele sich nur das Nötigste kaufen können. Freilich, bei den meisten Geschäftsleuten und „Währungsgewinnlern" merkte man bis jetzt keine Not, sie haben ihr Schäflein schon wieder im Trockenen, zur Verbitterung der „Ausgeschmierten".*
*Oh Christentum, wo bist du? Jeder denkt nur an sich! Ich wundere mich immer wieder, dass die große Masse die Verhältnisse so ruhig hinnimmt.*
*Ein Ei kostet z.Z. auf dem regulären Markt 38 bis 45 Pfennig, ein Pfund Fleisch je nach Qualität 2,50 bis 3,30 Mark, also das vier- bis fünffache wie vor dem Krieg und der Verdienst ist bei Vielen*

*geblieben, bei anderen der Stundenlohn um ein Drittel erhöht. Arbeitslose gibt es schon wieder viele.*

*Wir haben immer noch keinen Frieden, unsere Sieger sind sich immer noch uneins bzw. werden es immer noch mehr. Wie soll das enden?*

*Wir haben allen Grund zur Dankbarkeit: alle drei sind wir gesund (soweit man das von mir sagen kann), Papa verdient wieder gut und vor allem: das Geld hat wieder einen Wert, man kann sich wieder etwas dafür kaufen. Vor der Währungsreform gab's ja nur noch Tauschgeschäfte – widerlich war's!*

*Dieser Tage ging der erste Pax Christi Pilgerzug nach Lourdes und Manfried (=Hermann-Friedrich) hatte das Glück, mitzufahren. Er kam ganz begeistert zurück. Wie freue ich mich mit ihm über dieses große Erlebnis! Wenn er's auch noch nicht so erfassen und verarbeiten kann wie ein Erwachsener, wird's ihm doch ein unvergesslicher Eindruck bleiben. Möge die liebe Muttergottes ihn in ihren besonderen Schutz nehmen! Er hat's in Lourdes selbst gesehen und erlebt, wie groß ihre Macht ist.*

*Juli 1950, Heilmannstraße 37*

*Wieder ist ein Jahr vergangen, ohne dass ich Aufzeichnungen machte! Wohl hätte ich manchmal Zeit gehabt, aber der Alltag macht mich so müde – ich bin froh, wenn ich immer mit dem Nötigsten fertig werde. Und wenn ich dazu noch meine „Schützlinge" betreue, ist meine Kraft meistens verbraucht. Aber das Betreuen ist viel schöner und segensreicher als das Schreiben- ich bin glücklich, so manchen Alten und Bedrückten ihre Lage etwas erleichtern zu können. Wie viel Elend und Armut habe ich schon gesehen in den Baracken bei den Flüchtlingen – aber auch wie viel Geduld und Ergebung in Gottes Willen! Oft hat mich die tapfere Haltung dieser armen Menschen schon beschämt. Und nach jedem Besuch in den engen Baracken muss ich dankbar erkennen, dass wir dagegen geradezu „fürstlich" wohnen in unseren zwei Zimmern.*

*Noch immer sind wir in der Heilmannstraße und es ist vorläufig keine Aussicht auf Freigabe unseres Hauses. Aber wir sind trotzdem glücklich und zufrieden, denn das Glück liegt nicht in großem Besitz und komfortablen Wohnen, im Gegenteil: ich mache immer wieder die Erfahrung, dass Besitz die Herzen verhärtet. Sonst würden die armen Leute mehr Hilfe und Verständnis finden.*

*Das verflossene Jahr verlief sehr ruhig – Gott sei Dank ohne eine ernste Krankheit in der Familie! In der Luft liegt freilich viel Unruhe, man spricht von einem dritten Krieg wie von einem unabwendbaren Unglück. Daher kommt vielleicht auch die große Vergnügungs- und Verschwendungssucht: jeder will leben und es nicht wahr haben, dass wir auf dem Vulkan tanzen. Die wirtschaftlichen, sozialen und weltanschaulichen Gegensätze sind sehr groß, nur ein lebendiges Christentum könnte sie einigermaßen ausgleichen! Ach dass wir Christen doch diese Berufung erkennen wollten! Ja, „wollten", denn meist fehlt es am Sehen-Wollen.*

*Zurzeit werden die Oberammergauer Passionsspiele aufgeführt. Wie ernst wird da jeder angesprochen! Wir waren tief beeindruckt.*

*Anlässlich des diesjährigen Heiligen Jahres wurde die Welt, und wir Katholiken besonders, schon öfter durch den Heiligen Vater auf die großen Probleme unserer Zeit hingewiesen.*
*Am 1.November des Jahres wurde die Aufnahme Marias in den Himmel als Dogma verkündet. Es wurde viel darüber debattiert. Es ist bestimmt kein Zufall, dass dieses Dogma in unsere ober-*

*flächliche, glaubensschwache Zeit fällt. Jeder musste oder sollte sich wenigstens prüfen, wie es um seinen Glauben steht.*

*Januar 1953, Großhesselohe, Pullacherstraße 17*

*Heute kommt mir das Buch in die Hand und ich überlege, ob ich noch etwas hineinschreiben soll. Manfried bittet mich darum und so will ich wenigstens hie und da einige Gedanken niederschreiben.*

*Zuerst: wir wohnen seit drei Monaten im eigenen, neu erbauten Haus in Großhesselohe! Wie viele, viele Überlegungen und Sorgen gehen dieser Tatsache voraus! Wie lange sträubte ich mich, zu dem Bau ja zu sagen! Millionen sind heute noch eng zusammengepfercht und wir sollten ein ganzes Haus bewohnen? Freilich wär's für uns „standesgemäß", aber ist's auch christlich?*

*In den beiden letzten Wintern war ich immer krank; man vermutet, die kalte Wohnung in der Heilmannstraße sei daran schuld. Aussicht in die Hackländerstraße zu kommen, war keine – das Haus ist immer noch von Amerikanern besetzt – und eine gesunde, sonnige Wohnung gibt es nur gegen hohen Baukostenzuschuss und hohe Miete, da alte Wohnungen immer noch bewirtschaftet sind. Bei den hohen Baukosten und den vielen, vielen Wohnungssuchenden wird es wohl noch lange so bleiben. Man hat mir eingeredet – und ich muss dem auch zustimmen -, wer es irgendwie kann, soll neue Wohnungen bauen.*
*Und es ist alles, Gott sei Dank, wohl gelungen.*
*Am 1. Juli 1952 wurde mit dem Bau begonnen und am 25. Oktober, also in knapp 4 Monaten, sind wir eingezogen. Wir sind glücklich über unser neues Heim, aber ebenso glücklich bin ich, dass wir drei Flüchtlinge bei uns aufnehmen konnten. Dadurch ist mein Gewissen beruhigt. Die Leute wären, da sie kein Geld haben,*

*kaum zu einer Wohnung gekommen und sind überglücklich. Wir haben ein sehr schönes Verhältnis zueinander, es ist eine christliche Atmosphäre im Haus: einer hilft dem anderen! Und der Herrgott gibt den Segen dazu, das haben wir während der Bauzeit und seither oft erfahren. Manchmal schien es, als hätten wir uns doch zu viel zugemutet, aber immer wieder ging es gut: die Sparkasse gab 12.000.- Mark Hypothek (obwohl es allgemein sehr schwer war, eine Hypothek aufzutreiben) und die Firma ein großzügiges Darlehen. Nun ist wichtig, dass unser Papa gesund bleibt und noch einige Jahre gutes Einkommen hat, dann wird es schon gut gehen. (Er war damals immerhin schon 61 Jahre alt.) Wir sparen, so gut es geht und nehmen an, was uns der Herrgott schickt. Wie viele Hoffnungen und Erwartungen haben wir an das Haus in der Hackländerstraße geknüpft --- und wie kam alles anders!*
*Deshalb will ich mich gar nicht so sehr an dieses Haus hängen, zu oft fällt mir das Wort aus „Dreizehnlinden" ein: „Baut nur, baut nur, ob für heute, ob für morgen, ihr müsst warten."*

*Dass ich im vergangenen Jahr nicht zum Schreiben kam, ist nicht zu verwundern. Im Winter war ich krank, im März brachten sie mich, total erschöpft und ohne Stimme, nach Wörishofen, wo ich mich in vier Wochen aber gut erholte. Im April und Mai brachten wir unser Steinebacher Häuschen wieder einigermaßen in Ordnung. Es war von 1946 bis dahin beschlagnahmt, in unvorstellbar verwahrlostem Zustand bekamen wir es zurück. Am liebsten hätten wir's verkauft, merkten aber, wie sehr Manfried daran hing. So ließen wir es herrichten, so weit es unsere Mittel erlaubten, und was unbedingt sein musste und wir nicht selber machen konnten.*
*Wir waren dann im Sommer sehr viel draußen und hatten viel Freude.*

*Manfried litt im Frühjahr viel unter Gleichgewichtsstörungen, deren Ursache man erst nach Wochen in einer eitrigen Mandelent-*

*zündung erkannte. Er wurde dann Mitte Juni operiert und hat sich dann in Steinebach gut erholt. Leider wirkt sich aber der wochenlange Schulausfall in dem heurigen letzten Schuljahr, wo's aufs Abitur geht, doch merklich aus; besonders die Lücken in Mathematik machen Manfried Sorgen. Na, sollte er es nicht schaffen, wäre das auch kein Unglück! Mir ist wichtig, dass er für die Probleme der Zeit ein offenes Auge hat und sich für ihre Lösung einsetzt. Leider sieht ja unser Bürgertum gar nicht ein, wohin wir treiben: Vermassung, Proletariat, Kommunismus!*

*Als Ende Mai das Steinebacher Häuschen einigermaßen wohnlich war, ging's ans Planen des hiesigen Hauses. Da war keine Zeit zum Tagebuch-schreiben.*
*Obwohl wir einen tüchtigen Architekten hatten, mussten wir seine Pläne doch immer wieder auf uns zuschneiden, was nicht ganz reibungslos ging. Beim Richtspruch ließ der Architekt durchblicken: Es sei, trotz der vielen Änderungen der Bauherrin, doch noch ein Haus geworden. Allerdings musste er, als das Haus fertig eingerichtet war, zugeben: Es sei alles glänzend gelöst.*
*Wir könnten auch wirklich nicht sagen, was wir anders haben möchten; es ist alles schön und praktisch – und so viel Licht und Sonne und Himmel! Wie schön wird's da im Frühjahr sein!*

*Am 1. November wurde unser Haus vom Sollner Stadtpfarrer unter Assistenz unseres Nachbarn, Kurat Leibrecht, und Pater Erminold eingeweiht.*
*Mit Familie Kowatsch (unsere Mieter) und sämtlichen Straubs wurde es dann ein schönes Familienfest. Ebenso an Weihnachten, wo ich außer der Hausgemeinschaft noch Frau v. Weber mit Mutter eingeladen hatte. Wenn die Wünsche, die diese Menschen aus übervollen Herzen uns entgegen brachten, alle in Erfüllung gingen, könnte es uns nie schlecht gehen!*
*Ja, Geben ist seliger als Nehmen.*

*24. Februar 1953.*

*Nun ist der Winter bald um, Gott sei Dank! Wir haben zwar lange nicht so gefroren wie in der Heilmannstraße, aber seit Allerheiligen bis jetzt war fast immer Schnee und ganz wenig Sonne, man ist jetzt richtig wintermüde. Es gab sehr viele Grippekranke, wir drei kamen glimpflich davon.*

*Die wenigen Wochen dieses Jahres brachten schon viele Katastrophen. Wiederholt schwere Stürme und Überschwemmungen; in Holland, Belgien und England kamen vor 14 Tagen 1400 Menschen durch Hochwasser um. In ganz Europa wurden für die heimgesuchten Länder Hilfsaktionen eingeleitet und sehr viel geholfen. Deutschland (bzw. Westdeutschland) hat sich auch sehr beteiligt, obwohl wir zurzeit selbst Hilfe brauchten. Jeden Tag kommen 600 bis 1000 Menschen aus der Ostzone nach Berlin und erhoffen sich hier ein besseres Los. Wie soll das werden? Zurzeit sind 40000 Flüchtlinge in Notlagern in Berlin und täglich kommen Hunderte dazu: wie sollen die Leute untergebracht und beschäftigt werden? Das sind die Probleme, die der „kalte Krieg“ bringt.*

*Am 2. Februar ist Vater Fischer still entschlafen. Gott sei Dank, dass er kein langes Krankenlager hatte – nur drei Tage war er bettlägerig. Den Frieden, den er so sehr erhoffte, durfte er nicht mehr erleben. Wer weiß, was ihm erspart blieb, denn nach Frieden sieht es nirgends aus. Russland und Amerika ringen um die Weltmacht, Asien rückt uns immer näher und ängstlich fragt man manchmal: sollte Spengler doch recht behalten mit seinem „Untergang des Abendlandes“?*
*Verfallserscheinungen sieht man ja mehr als genug. In einem Lichtbildervortrag über moderne Kunst wurde neulich der Mensch meist nur noch als Fratze oder Dämon gezeigt; es war erschütternd! Vielleicht ist der Vortragende, Professor Sedlmayr zu pes-*

*simistisch, aber mein Eindruck war: er hat in Vielem recht. Sein Buch „Verlust der Mitte" gibt uns viel zu denken.*

*4. Januar 1954*

*Wieder habe ich fast ein Jahr lang nichts mehr geschrieben! Ich muss auch sagen: wo sind die guten Vorsätze geblieben?*

*Das vergangene Jahr war kein aufregendes – Gott sei Dank! Wir durften es in Frieden, Gesundheit und Harmonie verleben. Im Sommer waren wir viel in Steinebach, nachdem wir im Laufe des Frühjahrs dort alle Schäden vollends beseitigen ließen (den eingestürzten Hang hinter dem Haus abheben, eine Mauer und einen Abstellplatz für das Auto errichten), ist's wieder sehr schön und gemütlich dort. Manchmal tut uns fast die Wahl weh, wo wir die Sonntage verbringen sollen, weil's ja auch hier im Garten wunderschön ist, aber im Sommer zieht's uns doch mehr an den Wörthsee. Straubs kamen auch sehr oft hinaus und wir verlebten viele fröhliche Sonntage dort.*

*Hier haben wir uns sehr gut eingelebt, der Garten, nein: Haus und Garten machen uns sehr viel Freude. Freilich, so lange wir noch so viele Lasten darauf haben, es wurde doch alles viel teurer als wir dachten, sind's auch nicht wenig Sorgen. Doch wir konnten schon 8000 Mark zurück bezahlen; wenn Hermann gesund bleibt, werden wir gut mit den Schulden fertig.*

*Manfried hat im Juli 1953 sein Abitur gut gemacht und ist jetzt auf der Universität im ersten Semester. Betriebswirtschaft und Psychologie hat er belegt. Ob er Kaufmann wird, halte ich für fraglich. Ich bete darum, dass der Herrgott ihm den rechten Weg und Platz zeigt. In unserer Zeit der Vermassung braucht man in jedem*

*Beruf „Persönlichkeiten". Bis jetzt ist Manfried für alle Probleme der Zeit aufgeschlossen und vielseitig interessiert; wenn er nicht in schlechte Gesellschaft kommt, erfüllt er sicher die Erwartungen, die wir und alle Bekannten in ihn setzen, jedenfalls macht er uns bis jetzt viel Freude. Zurzeit ist er mit der Sollner Pfarrjugend auf dem Wallberg beim Skilaufen.*

*Meine Gesundheit steht, wie immer, auf schwachen Füßen, aber ich kann doch, Gott sei Dank, meine Pflicht erfüllen und darüber hinaus manchmal auch anderen Menschen ein bisschen etwas sein. Die Mitarbeit in der Caritas macht mir viel Freude, aber noch mehr der persönliche Kontakt mit den alten, verschämten Armen. Wir waren alle am Heiligen Abend glücklich, wie wir zwei solchen Menschen ihre „Misere" erleichtern konnten.*

*13. Januar 1954*

*Professor Guardini hielt über die Weihnachtsfeiertage vier Predigten in unserer neuen Großhesseloher Kirche. Es ist jedes Mal ein Erlebnis, wenn man ihn hört. Wenn es irgendwie möglich ist, besuchen wir immer seine Sonntagspredigten in der Ludwigskirche. Ich hoffe, sie sind für Manfried besonders segensreich. Guardini spricht da immer besonders zu den Studenten, die dem Geist bzw. Ungeist der Zeit so sehr ausgesetzt sind. Gott sei Dank, dass in München daneben noch ein guter Geist herrscht!*

*Wie vielfach in der Kunst, so ersieht man auch aus der heutigen Literatur, dass unserer Zeit „die Mitte" fehlt. Ich glaube, der Heilige Vater hat am 8.Dezember das „marianische Jahr" deshalb verkündet, damit wir mehr beten sollen, dass der Herrgott die Menschheit nicht sich selbst überlässt.*

*Ich bin heute sehr zittrig, musste sehr viel Schnee räumen und kann deshalb kaum schreiben. Wir bekamen über Nacht einen halben Meter Schnee, der heftige Sturm verursachte meterhohe Verwehungen, so dass man nicht in die Stadt fahren konnte. Wie der Rundfunk meldet, gingen in den Bergen überall schwere Lawinen nieder und forderten über 150 Tote. In Vorarlberg sollen in einem Dorf 23 Häuser verschüttet sein.*

*Januar 1955*

*Ein ganzes Jahr habe ich nichts geschrieben. Das vergangene Jahr war, Gott sei Dank, kein aufregendes. Wie ich in einem Reisebuch für Manfried ausführlich berichtete, machten wir im April/Mai eine schöne vier wöchentliche Italienreise. Im Sommer waren wir viel in Steinebach, Manfried Ende August drei Wochen in Spanien. Ich war den ganzen Sommer mit Hüftgelenksschmerzen geplagt, die sich im Herbst so verschlimmerten, dass ich nicht mehr gehen konnte. Ende September brachten sie mich nach Wörishofen zu Heilpraktiker Hatt, der mich nach 5 wöchentlicher Schwitz- und Liegekur so weit herstellte, dass ich wieder recht ordentlich laufen konnte. Hier wurde ich dann von einem anderen Heilpraktiker, Dr. Kratzer in Pullach, weiter behandelt und es geht mir jetzt gut, so weit man das bei mir eben sagen kann. Jedenfalls fühle ich mich so wohl, dass wir fürs Frühjahr wieder eine Reise planen, und zwar diesmal nach Spanien. Wir studieren eifrig Landkarten und Reiseführer, damit uns nicht alles „spanisch“ vorkommt. Viel Interessantes wissen wir jetzt schon; wenn wir gesund bleiben, wird es sicher wieder eine schöne Reise.*
*Erst spielten wir mit dem Gedanken, ob Papa und ich uns nicht an einer Gesellschaftsreise ins heilige Land beteiligen sollen, wir hatten ein verlockendes Angebot. Aber wir haben uns doch für die Autoreise nach Spanien entschieden. Voraussichtlich ist Hermann-*

*Friedrich in zwei Jahren mit dem Studium fertig, dann ist's für ihn vorläufig aus mit großen Ferien und Reisen, deshalb soll er jetzt mit uns noch schöne Ferien haben. Jede Reise erweitert ja auch seinen Gesichtskreis und macht ihn selbständiger, das kann ihm im Beruf nur nützlich sein. Wenn ich könnte, würde ich ihn mit allem Rüstzeug des Geistes und des Materiellen ausrüsten, damit etwas Rechtes aus ihm wird und wir nicht umsonst gelebt haben. Für dieses Ziel ist uns kein Opfer zu groß.*

*Dieser Tage schrieb ich an einen Freund in New York, ob er Hermann-Friedrich in den großen Sommerferien nicht in Amerika unterbringen könnte. Solange wir noch Schulden haben, scheint dieser kostspielige Plan leichtfertig, aber wie gesagt, für Manfrieds Ausbildung ist uns nichts zu viel. Ich bin gespannt, was ich für eine Antwort aus Amerika erhalte.*

*Januar 1956*

*Wie schnell ein Jahr vergeht! Ich weiß nicht, warum ich nicht dazu kam, hie und da wenigstens durch kleine Notizen die Erlebnisse des Jahres in der Erinnerung festzuhalten. Ich will jetzt versuchen, das Wichtigste kurz zu berichten.*

*Also: aus Manfrieds geplanter Amerikareise wurde nichts, weil es dort keine Möglichkeit für ihn gab, während seines Aufenthalts Geld für den Lebensunterhalt zu verdienen. Dafür bekam er von der uns befreundeten Familie Buchner in Paris eine Einladung für die Herbstferien. Und unsere Spanienreise vom April/Mai war ein voller Erfolg. Ich habe sie für Manfried ausführlich beschrieben und brauche deshalb hier nicht näher darauf einzugehen.*

*Im Sommer waren wir wieder viel in Steinebach, allerdings nicht immer nur zum Vergnügen. Wir ließen dort ein Klosett im ersten Stock einbauen, sämtliche Fußböden neu belegen, das Seeufer auffüllen, den Hang ausgleichen, Küchenmöbel und Matratzen erneuern etc.. Das alles kostete viel Arbeit und noch mehr Geld! Es war uns nichts zu viel, weil ja Steinebach für uns alle ein Gesundbrunnen ist und wir dort immer viel Freude erleben und auch anderen machen können.*

*Ende Juni hatten wir zwei Leipziger Studenten für acht Tage hier aufgenommen; sie waren von München begeistert, doch das Schönste sei der Aufenthalt in Steinebach gewesen, sagten sie. Durch ihre Erzählungen bekamen wir auch einen Einblick in die Verhältnisse der Ostzone. Sie erleiden dort heute noch – zehn Jahre nach Kriegsende – das Schicksal, das wir unter der Naziherrschaft erdulden mussten. Leider haben es die meisten von uns schon wieder vergessen, man freut sich des „deutschen Wirtschaftswunders", lebt, Viele weit über ihre Verhältnisse, in Hülle und Fülle: Materialismus ist der herrschende Gott! „Da ja, über kurz oder lang, ein neuer Krieg doch nicht zu verhindern ist, lebt und genießt man, so gut man kann", das ist die heutige Losung von Vielen.*

*Durch die materielle Einstellung zum Leben verblendet, erkennt man nicht, dass ein solcher Krieg auch ein Strafgericht des allmächtigen Gottes sein könnte. In der heutigen Kulturwelt hat das Bild Gottes wenig Platz! Und der Mensch als Ebenbild Gottes auch nicht. Im letzten Sommer waren zwei große, viel besuchte Kunstausstellungen in München: Munch und Picasso. Der erste gibt zwar seinen Figuren noch Ausdruck, aber er ist seelenlos (ohne Augen) oder gemein oder angstverzerrt. Picasso, der weltberühmte spanische Maler, hält es nicht für nötig, seinen Figuren überhaupt noch ein Gesicht zu geben, es sind nur noch Fragmente. Arme, entseelte Menschheit!*

*Wie müssen uns täglich bemühen, dass wir den richtigen Sinn des Lebens nicht verlieren...*

*Wir waren sehr erfreut, als wir in den beiden Studenten und in Familie Buchner aus Paris Gleichgesinnte fanden. Buchners waren Ende August 10 Tage bei uns in Steinebach, es waren sehr nette Tage. Hermann-Friedrich fuhr dann Ende September mit ihnen nach Paris; es hat ihm sehr gut gefallen. Er sollte ca. zwei Monate bleiben, aber leider machte ihm sein Gesundheitszustand Sorgen. Er bekam ab und zu starke Gleichgewichtsstörungen, so dass er nicht einmal mehr Auto fahren konnte. Der Arzt vermutete eine Schilddrüsenstörung und schlug ihm eine Frischzellenbehandlung vor, deshalb musste Manfried schon Mitte Oktober wieder von Paris zurückkommen. Dr. Rupp aus Tutzing gab ihm 8 Frischzellenspritzen, darauf musste er eine Woche in der Klinik in Tutzing liegen. Es scheint, die Kur hatte Erfolg, denn bis jetzt fühlt sich Manfried viel wohler als vorher. Er ermüdet nicht mehr so schnell wie früher und kann leichter geistig arbeiten. Wir sind darüber sehr froh, denn sein Studium verlangt einen gesunden Menschen. Über die Weihnachtsferien war er 10 Tage in Aschau bei Kitzbühel zum Skifahren, er kam sehr frisch zurück.*

*Ich machte mit Eberhard vom 16. bis 22. November eine sehr schöne, interessante Romreise. Es war mir eine große Freude, meinen Lieblingsbruder Eberhard dieses Erlebnis ermöglichen zu können. Das Leben hat ihn ja auch reichlich zerzaust, es würde mich deshalb nicht wundern, wenn er verbittert wäre. Er ist jedoch ziemlich ausgeglichen und hat für die Probleme der Zeit ein offenes Auge und Ohr, wenn er auch, wie er sagt, in seiner Familie wenig Verständnis dafür findet. Das Rom-Erlebnis hat ihn tief beeindruckt, er versicherte mir, alles daran zu setzen, dass er auch in seiner Familie ein Echo findet.*

*So also ging das Jahr 1955 viel zu schnell zu Ende! An Weihnachten waren wir seit mehreren Jahren zum ersten Mal wieder allein. Frau Moor liegt schon seit Monaten im Krankenhaus; es war ihr und ihrer Tochter, Frau v. Weber sehr schwer, Weihnachten nicht mit uns feiern zu können.*
*Es war wieder sehr schön bei uns. Obwohl der Mittelpunkt unseres Weihnachtszimmers immer mehr die Krippe ist, erhöht der brennende Christbaum doch die festliche, weihnachtliche Stimmung.*
*Seit einigen Jahren wird durch die Geschäftswelt schon ab Ende November ein richtiger Weihnachtsrummel gemacht, überlaut wird alles Mögliche und Unmögliche als Weihnachtsgeschenk angeboten. Nicht nur an den meisten Geschäftshäusern, nein, an jeder Tankstelle, steht wochenlang vor Weihnachten ein brennender Christbaum, alles ist nur auf ein gutes Weihnachtsgeschäft angelegt. Der Sinn des Weihnachtsfestes wird zugedeckt. Wir haben deshalb schon wiederholt erwogen, ob wir überhaupt noch einen Weihnachtsbaum machen sollen, aber am Heiligen Abend freuen wir uns dann doch über ihn. Noch mehr freuen wir uns über jede einzelne Krippenfigur. Vor zwei Jahren fingen wir an, eine schöne Krippe von dem Münchner Bildhauer Professor Kuolt zu erstehen; jedes Jahr kommen einige Figuren hinzu. Ich bedaure nur, dass wir nicht schon früher damit angefangen haben.*

*Vom 27.12. bis 8.1.1956 waren Papa und ich zu einer kleinen Ruhe- und Diätkur bei Dr. Niedermayer in Partenkirchen, es hat uns Beiden gut getan. Der Arzt meinte, an meinem schwachen Gesundheitszustand sei wohl nicht viel zu ändern, wir müssen eben bedacht sein, dass ich ihn wenigstens so erhalte. Aber bei Papa meinte er, sei es Zeit, dass er sein Arbeitstempo auch etwas einschränke, sein Herz sei ziemlich angegriffen. Ich bin froh, dass ihm dies der Arzt gesagt hat, denn er hört es nicht gern, wenn ich ihn auf eine eventuelle Manager-Krankheit hinweise; der Rat des Arztes ging ihm mehr zu Herzen.*

*Als wir am 8.1. zurückkamen, lag ein großer, 5000 Liter fassender Öltank im Garten. In den ersten Tagen des neuen Jahres konnten wir schon wieder feststellen, dass wir nicht ein Haus haben, sondern dass das Haus uns hat. Wir hatten die Ölheizung im Herbst bestellt, dann den Auftrag bis Frühjahr zurückgestellt, weil für den Tank eine sehr lange Lieferzeit angegeben wurde. Nun lag dieses Monstrum im Garten! Und jeden Tag konnte man mit Schnee und starkem Frost rechnen. Zum Glück trieb ich anderntags gleich eine Baufirma auf, die in 1 ½ Tagen das riesige Loch in der Einfahrt ausbaggerte und den Tank versenkte. Kaum war alles fertig, fing es zu regnen an und es scheint, als wolle aus dem Regen der längst erwartete Schnee kommen. Im November hatten wir einige Tage herrliches Winterwetter, dann im Dezember war's immer regnerisch und föhnig, mehr April- als Weihnachtswetter. So ungesund das Wetter war, für unsere Tankgeschichte waren wir doch froh darum. Nun ist der Tank drinnen, jetzt soll's endlich Winter werden! Der endgültige Anschluss wird erst im Frühjahr gemacht.*

*Wie gut, dass wir mit unserem Tank-Versenken noch fertig geworden sind! Seit einigen Tagen haben wir Schnee und es ist sehr kalt, bis 25 Grad unter Null. Das Kühlwasser im Auto gefror ein, wir konnten es mit kochendem Wasser noch mal auftauen, ehe es den Behälter zerriss.*

*Vom 26.1. bis 5.2.1957 waren die Olympischen Winterspiele in Cortina; erst hatte es auch dort wenig Schnee, aber in den letzten Tagen gab's dann Schnee genug und es war sehr kalt. Wir konnten im Fernsehen alles miterleben, Blaupunkt stellte uns leihweise ein Fernsehgerät zur Verfügung. Wir hätten nicht gedacht, dass man alles so gut sehen kann, es war wirklich interessant, auch wenn die deutschen Sportler nur eine goldene und eine bronzene Medaille bekamen.*

*Gestern kauften wir eine Heimsauna (was doch die Wissenschaftler und Techniker alles erfinden!). Wenn der Erfolg der Sauna nur halb so groß ist wie angekündigt, dann müssten wir alle kerngesund werden.*

*1. März 1956*

*Gott sei Dank, seit zwei Tagen ist die Kälte gebrochen! Wir hatten fünf Wochen eine sibirische Kälte, jeden Morgen 20 bis 25 Grad und noch mehr und dabei 30 bis 40 cm Schnee. Die Kältewelle erstreckte sich über ganz Europa und traf natürlich die Bewohner der südlichen Länder besonders hart. In Spanien sollen die Südfrüchte alle erfroren sein. In Sizilien waren mehrere abgelegene Ortschaften so eingeschneit, dass sie von amerikanischen Flugzeugen aus der Luft mit Lebensmitteln versorgt werden mussten.*
*Jetzt haben wir seit zwei Tagen Föhn, der viele Schnee schmilzt beinahe über Nacht, so dass Hochwasser zu befürchten ist. Nun werden auch bald die Schiffe wieder fahren und Kohlen bringen können, die Schiffswege waren alle zugefroren.*

*November 1956*

*Im April machten wir drei wieder eine schöne Italienreise bis nach Sizilien; sie ist in einem Film festgehalten, deshalb brauche ich nicht in allen Einzelheiten darauf eingehen. Nur ein Erlebnis möchte ich erwähnen, dessen wir uns schmerzlich und dankbar zugleich erinnern.*

*Am Ostermontag, auf der Fahrt von Kalabrien nach Taormina, sprang ein 9 jähriger Junge, der einen eisernen Schubkarren schob, plötzlich über die Straße und direkt vor unser Auto. Der Bub wurde auf den Kühler geschleudert und lag hernach leblos auf dem Boden; wir mussten annehmen, dass er tot sei. Wenn uns auch gar keine Schuld traf, so war dies doch ein schrecklicher Gedanke. Nach kurzer Zeit schlug der Bub die Augen auf; einige Männer brachten ihn in ein nahe gelegenes Krankenhaus, wo der Arzt nur einige Prellungen feststellte.*
*Es war wirklich ein Wunder! Auch uns und dem Auto war verhältnismäßig wenig passiert, obwohl wir mit ca. 70 km/h gegen einen halben Meter hohen, schweren Randstein geschleudert wurden. Wir konnten, zwar mit eingeschlagenen Scheinwerfern und deshalb nur mangelhaftem Licht, unsere Reise fortsetzen und haben in Taormina noch 14 schöne Tage verlebt.*

*Im Sommer waren wir wieder in Steinebach. Buchners waren im August auch wieder 14 Tage dort. Zuvor Peter Trexler aus Leipzig und Arnulf und Tilly aus Villingen. Es war immer etwas los und alle sind begeistert, wenn sie dort sein dürfen.*
*Manfried war Ende August 8 Tage in Paris. Im Oktober waren Eberhard und Sofie einige Tage hier. Ich war vom 10. bis 29. Oktober mit Frau Buchner in Abano, einem bei Padua gelegenen Thermalbad. Die Fangopackungen und Mineralbäder waren für meine Arthritis gut, mein Herz aber besserte sich nicht.*

*Als ich zurückkam, war in Deutschland große Aufregung: in Ungarn war der Freiheitskrieg ausgebrochen. Die Ungarn wehrten sich gegen die russische Besatzungsmacht. Tausende wurden erschossen, Tausende flüchteten über die Grenze. Durch rücksichtsloses Eingreifen der Russen mit Panzern endete der Kampf nach Wochen zu Gunsten der Russen – wenigstens scheinbar! Was wird noch werden? Diesmal sind wir noch um Haaresbreite am*

*Krieg vorbeigekommen, wer weiß, wie lange noch! Der Kommunismus will mit allen Mitteln zur Weltherrschaft kommen; wird die bürgerliche Welt, in der auch so Vieles morsch ist, auf die Dauer standhalten?*

*18. Januar 1957*

*Weihnachten durften wir sehr schön und friedlich verleben. Manfrieds Freude und Überraschung über seine O-Jolle kannte fast keine Grenzen. Gleich am zweiten Feiertag musste er sie in der Starnberger Werft besichtigen. Schade, dass er nicht gleich segeln konnte; dafür konnte er gleich anderntags nach Aschau zum Skilaufen fahren. Bis nach Neujahr waren die Schneeverhältnisse dort gut, bei uns lag zwar über Weihnachten und Neujahr auch Schnee, doch zum Wintersport zu wenig.*

*Papa und ich fuhren am 27.12. zu einer „Überholungskur" zu Dr. Rupp nach Tutzing. Zunächst sollte eine Heilfastenkur gemacht und dann Frischzellen gespritzt werden. Leider musste ich schon nach vier Tagen mit Fasten aufhören, weil mich „kein Fuß mehr trug". Papa hat heroisch acht Tage strenges Fasten durchgehalten: die ganzen Tage nichts gegessen und nur dreimal Tee oder Saft und eine Tasse klare Gemüsebrühe getrunken. Trotzdem war er nach 8 Tagen nicht entkräftet, machte täglich zwei bis drei Stunden Spaziergänge.*
*Am 3. Januar bekamen wir die Frischzellen, Papa sechs, ich zehn Spritzen. Nach zwei Tagen Bettruhe war Papa wieder ganz munter, mich dagegen hatte es „hineingezogen". Mein Körper nahm die Zellen nicht widerstandslos an, ich bekam Fieber und starke Schmerzen, musste noch acht Tage im Bett bleiben.*

*Noch als wir am 9.1. heimfuhren, war ich sehr elend. Papa ging am 14.1. voll Tatendrang wieder ins Geschäft, ihm bekam die Kur glänzend!*

*31. Januar 1957*

*Heute erhielten wir unser Sollner Haus in der Goldberg-, früher Hackländerstraße, das bis jetzt von den Amerikanern beschlagnahmt war, zurück; es ist sehr verwahrlost.*

*15. Februar 1957*

*Wir haben die Instandsetzungsarbeiten in der Goldbergstraße gleich mit Schwung in Angriff genommen. Maurer, Installateur, Schreiner, Glaser, Maler, Elektriker, alle Handwerker, die es gibt, sind fleißig an der Arbeit. Ein Glück, dass wir so mildes Wetter haben und so auch Außenarbeiten machen lassen können. Es gibt sehr viel Arbeit – und noch mehr Kosten! Nach den Voranschlägen werden wir mit Garage ca. 25000 Mark hineinstecken müssen. Es gibt viel zu bedenken und zu beraten; gut, dass ich ein brauchbarer „Polier“ bin! Ich pendle viel zwischen Pullacher- und Goldbergstraße hin und her.*

*26. Februar 1957*

*Die Arbeiten in der Goldbergstraße gehen schnell vonstatten. Da in den Wintermonaten die meisten Bauarbeiten eingestellt sind, konnte jeder Handwerker mit mehreren Arbeitern gleich anfangen; fast alle Maurerarbeiten sind schon fertig; sollte jetzt noch Frost kommen, kann er uns nicht schaden. Es ist unvorstellbar, wie viel*

*Dreck es gegeben hat. (Hier brechen Mutters Aufzeichnungen vorläufig ab.)*

Der Vollständigkeit halber ergänze ich aus meiner Erinnerung: das Haus in der Goldberg-, früher Hackländerstraße wurde nach seiner Renovierung von meinen Eltern vermietet. Mieter waren Peter und Brigitte Hausser, mit denen uns eine herzliche Freundschaft verband bzw. verbindet, denn Peter ist zwar vor einigen Jahren gestorben, aber Brigitte lebt in der Nähe von Griesbach. Wir haben sie zweimal in ihrem griechischen Haus auf der Insel Tassos besucht. Als sie auszogen, haben meine Eltern das Haus Goldbergstraße 6 verkauft.

*27. November 1966*

*Heute, am Tag unserer goldenen Hochzeit, drängt es mich, ein paar Gedanken nieder zu schreiben.*

*Wie ich an anderer Stelle schon ausführlich berichtete, feierten wir das Jubelfest vom 24. bis 28. August mit allen Geschwistern durch eine viertägige Reise nach Passau – Wien – Salzburg, abschließend mit der Festspielaufführung „Jedermann" in Salzburg. Es waren unvergessliche Tage!*
*Wir alle sind sehr dankbar dafür, um so mehr als heute, am eigentlichen Hochzeitstag, an ein Festfeiern nicht zu denken wäre, denn wir sind um Marianne in großer Sorge. Sie ist seit 14 Tagen im Krankenhaus, wo sie wegen starken Gleichgewichtsstörungen, die anscheinend auf einen Tumor im Kopf hindeuten, klinisch untersucht wird. Da sie aber im Februar das vierte Kind erwartet, ist jede Untersuchung (Röntgen etc.) und Behandlung erschwert und*

*wir müssen froh sein, wenn man ihr etwas Erleichterung verschaffen kann.
Gebe Gott, dass sie die Zeit bis zur Entbindung durchhalten kann!*

*Nun ein Rückblick auf die fünfzig Jahre unserer Ehe und – wenigstens im Telegrammstil – ein Festhalten der wichtigsten Ereignisse. Es sind freilich so viele, dass man nicht weiß, wo man anfangen soll! Wenn man uns zu Anfang unserer Ehe gesagt hätte, was wir alles zu erleben und durchzustehen haben, hätten wir vielleicht vor lauter Sorge keinen frohen Tag gehabt.*

*Als wir 1916 heirateten, war Krieg; 1918 totaler Zusammenbruch Deutschlands und Verlust unserer Existenz.
Am 1. Januar 1919 Geburt unseres ersten Kindes, Eberhard, den wir nach neun Monaten wieder hergeben mussten.
!920 Geburt unserer Tochter Anneliese, die, wie eingangs berichtet, 1944 durch Fliegerangriff ums Leben kam.
1921 musste ich am Magen operiert werden, die Folgen davon muss ich mein ganzes Leben tragen.
1927 wurde uns, nach fast unerträglich schwerer Schwangerschaft, wieder ein Sohn geboren, der aber leider nicht lebensfähig war. Die Folgen der Schwangerschaft waren so schwer, dass ich monatelang krank war und danach noch lange Zeit nur an zwei Stöcken gehen konnte.
Dass uns 1934 zur großen Freude Hermann-Friedrich noch geschenkt wurde, habe ich in einem anderen Buch geschrieben.
Ebenso hier in diesem Buch die Verhältnisse während und nach dem zweiten Weltkrieg.*

*An Krankheiten hatte ich noch durchzustehen und leide an den Folgen noch heute:
1963: Brustoperation (Krebs) mit nachfolgender Lungenembolie (zehn Wochen Krankenhausaufenthalt).*

*1964: Gürtelrose*
*1965: doppelseitige Lungenentzündung und Rippfellentzündung.*
*Die mit fast jeder Krankheit verbundene Embolie oder Venenentzündung nahm man als beinahe selbstverständlich hin.*
*Das alte Sprichwort bewahrheitete sich bei mir: „der Mensch kann mehr als er selber weiß ertragen".*

*Nun zu den technischen, wirtschaftlichen, sozialen und kulturellen Entwicklungen unserer Zeit.*
*Als Kinder erlebten wir das erste elektrische Licht, bestaunten die ersten Autos, konnten nicht fassen, dass der Zeppelin und bald danach auch andere Flugzeuge fliegen können, es gab Telefon und allmählich immer mehr elektrische Maschinen, sprachlos waren wir über das Radio – so vieles könnte ich noch anführen. Aber heute, wo man in ganz anderen Dimensionen denkt bzw. rechnet (Atombomben, Raketen, Weltraumflüge etc.) und für selbstverständlich hält, sind das andere alles Kleinigkeiten. Wir sind dadurch aber auch um ein Gefühl ärmer geworden: wir haben das Wundern verlernt!*

*Was soll ich zu den sozialen Veränderungen sagen?*
*Auch hier hat sich alles verändert. Eine Bürger-Gesellschaft im früheren Sinn gibt es bald gar nicht mehr. Die Gewerkschaften sind ein „Staat im Staat" und: Alle wollen Alles!*

*Über die wirtschaftlichen Verhältnisse müssten wir uns, wenn wir's noch könnten, tatsächlich wundern! 1948 mussten wir Deutsche mit 40 Mark „Kopfgeld" von vorn anfangen (aus hier im Buch eingeklebten Zeitungsausschnitten ersichtlich). Heute ist die Mehrheit des Volkes so reich und so anspruchsvoll, dass die Leute bald nicht mehr wissen, was sie wollen. Nichts ist mehr gut genug. Nur eines wollen sie: wenig arbeiten – (eine schmutzige Arbeit schon gar nicht), und viel Freizeit!*

*Deutschland hat in den vergangenen 18 Jahren einen Aufschwung erlebt, dass alle Forderungen und Wünsche der Arbeiter erfüllt werden konnten.*
*Wie lange noch? Man hört in letzter Zeit öfter das Wort „Wirtschaftskrise"; ob wir dann mit dem Problem „Gastarbeiter" – wir haben zurzeit weit über 1,25 Millionen im Land – fertig werden?*

*21. Juni 1975*

*Ja, es ist so, wie das obige Datum angibt: Ende 1966 wollte ich meine Aufzeichnungen weiterführen, heute, nach beinahe zehn Jahren, kommt mir mein Buch wieder in die Hände. Soll ich überhaupt noch etwas eintragen???*

*Möglicherweise kommt das Buch später einmal einem unserer Nachkommen in die Hände, und er fragt sich, warum hat die Oma nicht weiter geschrieben?*
*So will ich, so weit ich noch kann, versuchen, wenigstens im Telegrammstil das Wichtigste dieser Jahre festzuhalten.*

*Ich stehe kurz vor meinem 83. Lebensjahr; Sehkraft ist schlecht, die Hände zittrig, oft weiß ich kaum mehr, wie man ein Wort schreibt; Opa drängt mich zu schreiben, er meint, was ich schreibe über die Verhältnisse und Familiengeschichte, stehe kaum in einem Geschichtsbuch.*

*Am 30.11.1966 wollte ich noch über Mariannes Zustand weiter berichten.*
*Unsere Sorgen um sie wurden immer größer --- die Entbindung und nachfolgende Tumor-Operation mit den schrecklichen Folgen haben wir alle so miterlebt, dass sie keiner von uns lebenslang vergessen wird. Monatelang mussten wir fürchten, dass Marianne*

*lahm oder blind oder geistesgestört wird. Gott sei Dank und Lob, dass sie heute wieder so relativ gesund und normal ist und wie alle Fotos zeigen, alle eine glückliche Familie sind.“*

Damit enden die Aufzeichnungen meiner Mutter; in den letzten fünf Jahren vor ihrem Tod am 11.10.1980 hatte sie nicht mehr die Kraft, etwas nieder zu schreiben. Aber sie haben mit großer Freude und Anteilnahme noch die Geburt ihrer vier Enkelkinder erlebt, und zwar aus aller nächster Nähe, denn die letzten Jahre haben sie die obere Wohnung des von Ihnen erbauten Hauses bezogen und der wachsenden Familie ihres einzig verbliebenen Kindes die doppelt so große untere Wohnung „um Gottes Lohn“, wie meine Mutter das manchmal nannte, überlassen. Ein Umzug ins Alters- oder Pflegeheim ist Ihnen glücklicherweise erspart geblieben.

Zu ihrer Goldenen Hochzeit habe ich ihnen ein kleines Gedicht geschrieben; ich habe es als Anlage diesem Buch beigefügt.

# 22. Abschied

Ein letztes Schriftstück von der Hand meiner Mutter ist ein sehr persönlicher Brief an ihren Mann. Er trägt kein Datum, muss aber wohl kurz vor ihrem Tod geschrieben worden sein. Ich gebe ihn hier zum Abschluß meiner Betrachtung ihres Lebens in großer Demut vor dem Mysterium ihrer lebenslänglichen, innigen Liebe, in ehrlicher Hochachtung vor ihrem beispielhaften Leben und in tiefer Dankbarkeit wieder.

*„Mein lieber Hermann!*

*Wenn ich an jedes von Euch noch ein persönliches Wort gesagt habe, nehme ich an, Du wärest traurig, wenn ich Dir nichts gesagt hätte.*
*Was soll ich Dir sagen?? Seit wir beisammen sind, liegen alle meine Gefühle offen vor Dir. Du weißt, dass Du mir alles warst.*
*Ich kann dir nur noch Dank sagen, tausend Dank, für Deine große Liebe und Deine oft übergroße Geduld mit mir! – das Seelchen von einst, nachdem ich mich oft sehnte, konnte ich in den letzten Jahren leider nicht mehr sein. Der Herrgott hat mir das „Kreuztragen" zugewiesen; er hat es sicher gut mit uns gemeint. Wenn ich dabei manchmal unwillig und gegen Dich gereizt war, verzeih es mir!*

*Noch mal Dank, Dank Dir für alles! Es war ein reiches Leben, das ich mit Dir führen durfte! Der Herrgott möge es gnädig beurteilen und uns im Jenseits bald wieder selig vereinen!*

*Deine Hanna*

*PS. „Fürchte Dich nicht, glaube nur!" Jesus an Isaias.*

Mein Vater hat sie um vier Jahre überlebt; er starb friedlich am 6.3.1984 im Alter von 92 Jahren.

Unter den Beileidsbriefen fand ich die Zuschrift eines Geschäftspartners und langjährigen Freundes meines Vaters, Dr. Max Buchinger, aus dem ich ein paar Zeilen zitieren möchte:

*„Er war eine Persönlichkeit wertvoller, beispielgebender, vorbildlicher Charaktereigenschaften, ein Mensch idealistisch humaner Gesinnung, mit tief wurzelnder Religiosität und einem lauteren, tapferen Herzen. Man konnte ihm nur mit Sympathie und Respekt gerecht werden und diejenigen, die seine Wesensart begriffen haben, haben ihm Verehrung entgegengebracht.*

*In diesem Bewusstsein wird er in der Erinnerung weiterleben."*

Er selbst hätte vermutlich, wenn er sich denn selbst ein sein Leben charakterisierendes Motto für seinen Grabstein ausgesucht hätte, aus Faust, zweiter Teil, den Satz gewählt, den ich oft aus seinem Munde gehört habe:
*„Wer immer strebend sich bemüht, den können wir erlösen."*

Ich denke, die vorstehende Schilderung des Lebens meiner Eltern bedarf keiner großen Erläuterungen und Interpretationen; als Mosaikstückchen, wie mein Vater es verstand, haben sie Strahlkraft genug, einige Facetten aus der politischen, gesellschaftlichen und technischen Entwicklung ihres Jahrhunderts ans Licht zu bringen, um so mehr, als sie ihr Zeugnis ja weitgehend selbst vor der Geschichte abgelegt haben.

Auch wenn ihrer beider Rollen, geschichtlich gesehen, keine herausragende Bedeutung gehabt haben, waren sie doch davon überzeugt, dass jeder an dem Platz, an dem er steht, mit verantwortlich ist für das Ganze und nach bestem Wissen und Gewissen seinen Teil dazu beizutragen hat, dass das Leben, zumindest in dem erreichbaren Umkreis, für alle Beteiligten ein menschenwürdiges und damit lebenswertes ist. Und das haben sie nach meiner Überzeugung auch beispielhaft gelebt. Es ist vielleicht eine der schönsten Feststellungen, die man als Sohn seinen Eltern nachschicken kann: Ihr Beide wart immer meine besten Vorbilder, nicht nach dem was Ihr an materiellen Werten geschaffen habt, sondern in Eurer zutiefst menschlichen Lebenseinstellung, geprägt von Liebe und Verständnis. Und ich bin stolz und dankbar sagen zu können, daß sich dieser Euer gute Geist in der ganzen Familie fortgepflanzt hat.

So schließe ich meine Betrachtungen mit einem Zitat noch einmal aus F. W. Webers Dreizehnlinden, das den Sinn des Weltgeschehens deutet und wohl so auch im Verständnis meiner Eltern gesehen wurde.

*Aus den Lehrsprüchen des Priors:*

*Was sie Weltgeschichte nennen*
*Ist ein wüstverworrner Knäuel:*
*List und Lug, Gewalt und Schwäche,*
*Feigheit, Dummheit, Wahn und Gräuel.*

*(...)*

*All die Riesen sind nur Zwerge,*
*All die Herrn nur arme Knechte:*
*Ob sie gleich den Frevel wollen,*

*Fördern müssen sie das Rechte;*

*Dienen müssen sie der Ordnung,*
*ob sie gleich das Wüste treiben,*
*denn unsterblich ist das Gute,*
*Und der Sieg muss Gottes bleiben.*

# Nachwort

Die „Besichtigung eines Jahrhunderts“ aus dem Blickwinkel meiner Eltern bedarf meines Erachtens noch einer Ergänzung.

Die Beurkundungen der Ereignisse in der zweiten Hälfte des Jahrhunderts durch meine Mutter sind in ihren letzten Lebensjahren immer spärlicher geworden und enden, wie zuvor beschrieben, mit dem Jahr 1975. Was damals auch die kühnsten Optimisten nicht zu hoffen wagten, sollte sich dennoch in diesem Jahrhundert noch ereignen: das Ende des kalten Kriegs und der Zusammenbruch des Kommunismus. Heute, im Jahr 2005, wo ich meinen Bericht beende, gedenkt man des Mauerfalls, der sich am 9.November 1989 vollzogen und die Teilung Deutschlands beendet hat, aber auch die vorher scheinbar unüberbrückbare Kluft zwischen Ost und West als „nicht existent“ erklärt hat.
Leider haben meine Eltern diesen Tag der Freude nicht mehr erleben dürfen, an dem die Angst vor einem neuen Weltkrieg mindestens vorläufig in sich zusammengebrochen ist.

*„Doch mit des Geschickes Mächten ist keine ew`ger Bund zu flechten, und das Unheil schreitet schnell“* wußte schon *Friedrich Schiller*. Mit diesem leider auch gegenwärtig wieder sich bestätigenden Zitat, das meine Eltern nicht selten im Munde führten, möchte ich meinen Bericht über das Leben meiner Eltern mit einem Dank an den Leser, der mir bis hierher gefolgt ist, schließen.

# Anlage 1: Lebensbericht des Carl Franz Friedrich Theobald von Walther

Ich, Carl Franz Friedrich Theobald von Walther, als das jüngste meiner Geschwister, bin geboren den 19.Juni 1777 unter der Regierung Sr. Durchlaucht, weil. Herrn Carlo, Herzog zu Württemberg, in der zweiten Residenzstadt Ludwigsburg.
Mein Vater, Friedrich von Walther, stand zu jener Zeit als Hauptmann unter dem Artillerie-Regiment, Oberst von Nikolai, meine Mutter, eine geborene von Wile, aus dem Herzogtum Nassau-Weilburg abstammend, war Hofdame bei Ihro Durchlaucht der Herzogin Franziska, früher Gesellschaftsdame der Erlauchtesten Frau Reichsgräfin von Hohenheim.

Bevor ich nun in die einzelnen Teile meines Lebens übergehe, ist es notwendig, die Verhältnisse und Schicksale meiner nun in Gott ruhenden Eltern, so weit sie durch Anverwandte oder treu gebliebene Freunde offenbar wurden, vorausgehen zu lassen, indem dieselben in mancher Beziehung mit den Meinigen übereinstimmen.

Wie bereits erwähnt war mein Vater Friedrich Artillerie-Hauptmann und genoss in ziemlich hohem Grade die Gunst seines durchlauchtigsten Fürsten, was Veranlassung gab, dass er häufig die (einzige) Umgebung des Fürsten bei geheimen Unterredungen oder Arbeiten allein ausmachte. Sie sind z.B. von seinem, in höchstdero Cabinet entworfenen und eigenhändig gezeichneten Plänen noch im Archiv Sr. Majestät unseres jetzt regierenden Königs aufbewahrt.

Nicht minder war er auch als Hofmeister bei der Durchlauchtesten Prinzessin Friederike zu Neustadt der ganzen herzoglichen Familie Vertrauter und Begünstigter.

So lebten sie viele Jahre und genossen diese hohe Gunst und suchten nur immer mehr sich dieses herablassenden Vertrauens würdiger zu machen. Sie lebten in glücklicher Zufriedenheit, doch siehe da, der Wolf lauert in nächtlicher Weile auf Schafe, die des Hirten entbehren. Kurz: der siebenjährige Krieg brach aus, mein Vater erhielt den Befehl, dem Herzog zu folgen. Im Verlauf dieses Krieges wurde er schwer verwundet und gefangen genommen.
Kein besserer Zeitpunkt konnte für einen verkappten Schmeichler eintreten wie dieser und er benützte ihn auch bald genug. Im Laufe seiner Gefangenschaft wurde ihm auf unwürdigste Weise Thatkraft und Energie abgesprochen, ja selbst seine übrigen Handlungen und Kenntnisse wusste man als scheinbar berechtigte Klagen aufzuführen, dass der Kunstsinn und die Gerechtigkeitsliebe des Herzogs weichen musste, um für jenen Heuchler eine Stelle zu finden und meinen Vater in Ungnade setzen zu können.
Im Jahre 1763 (*richtig vermutlich 1778)* , als der Friede zwischen Österreich und Preussen geschlossen war, konnte mein Vater in sein Heimatland zurückkehren. In der Hoffnung, seine persönliche Gegenwart, ein offenes, freies Entgegentreten und eine vollkommene Verteidigung gegen die ungerechte Beschuldigung werden den Einflüsterungen des Bösen Schranken setzen, eilte er, die Hauptstadt seines Vaterlandes zu erreichen, wenn auch nur vorerst seine Stelle als Artillerie-Hauptmann einnehmen zu können. Hier angekommen erhielt er, ohne ein einziges Verhör, in wie weit das über ihn Gesagte Gehalt habe, die Entlassung.
Der Charakter meines Vaters war aber nicht von der Art, dass er die Gunst seines Gebieters dahin benutzte, um sich einigen Reichtum anzueignen. Verzweiflungsvoll schaute er daher auf Frau und die Zahl der theils noch unmündigen Kinder, wohl wissend, dass

er auf die Mehrzahl jener, denen er bis dahin mit seinem Rathe beistand, nicht bauen durfte.
Ungeachtet dieser bangen Sorgen für die Zukunft bot er alles auf, um die Bedürfnisse seiner Familie, die so kärglich als möglich eingerichtet wurden, bestreiten zu können; harrend es möchte Seine herzogliche Durchlaucht noch überführt werden, wie Heuchelei nur im Stand sein könne, ihm seinen Sturz zu bereiten.
Da im Verlauf von mehreren Jahren ihm jeder Weg verschlossen blieb, um sich bei seinem Fürsten rechtfertigen zu können, die Unbilden bei etwaigen Wagnissen zu seiner Rechtfertigung zu kommen, erneuert wurden, so wandte er sich, aufgebracht über die Ruchlosigkeit seiner Feinde, an Seine Majestät Friedrich den Großen, König von Preussen, um eine Wiedereinstellung im preussischen Heer zu erlangen. Bald hierauf erhielt er von Seiner Majestät dem König von Preussen ein allerhöchst eigenhändiges Schreiben, welches ihn zum bestellten Capitaine mit einer Companie ernannte.
Ungesäumt folgte er diesem hohen Rufe, und trat seine Reise anno 1778, meine Mutter mit ihren Kindern, wovon ich als jüngstes 1 Jahr alt war, mit Einverständnis hinterlassend, an.
Nach wenigen Monaten unternahm meine Mutter diese Reise und übergab ihre Kinder unserer Großmutter zur Verpflegung. Sie erkrankte jedoch auf der Reise und noch hatte sie den Aufenthaltsort unseres Vaters nicht erreicht, starb sie zu Halberstadt, wo sie auch beerdigt wurde. Unsere Großmutter war Wittfrau und bereits schon im 80sten Lebensjahre, als sie uns übernahm. Wir genossen daher nur einige Jahre dieser großmütterlichen Pflege, denn sie starb und wir wurden bald nachher unserem Vater zugeschickt.
Wir erreichten nach langen Tagen den Aufenthaltsort desselben – Königsberg.
Leider aber sah er, sahen wir nur neuen Kummer. Er war wegen hohen Alters in den Pensions-Stand versetzt und kränklich. Wohl bemühte er sich im Kampf mit eigenen Leiden unser Elend zu ver-

ringern, starb aber nach zwei kummervollen Jahren, auf seine unversorgten und gänzlich verarmten Waisen zurückblickend. Von dieser Zeit an war ich sozusagen als Fremdling unter den Menschen mir selbst überlassen.
Meine Schwestern, die mich nach einiger Zeit mit ihrem, obwohl kleinen Verdienste ihrer Hände theilhaben ließen, fanden Ursache ihre Lage möglichst verbessern zu müssen, und so verließ mich eine nach der anderen, diese den, jene einen anderen Weg einschlagend, hoffend, sich in günstigeren Verhältnissen wieder zu treffen, aber wenige sahen sich noch einmal wieder.
Ich allein blieb zurück. Noch nicht einmal 16 Jahre alt, fühlte ich wohl, dass ich selbständig sei, denn es nahm sich niemand meiner an. Und diese magere Selbständigkeit ließ nun auch sogleich einen Entschluss in mir reifen, womit ich nun wage, auf die Auseinandersetzung meiner persönlichen Verhältnisse überzugehen.

Jung an Jahren, stark an persönlichern Kräften, leider aber ohne Vermögen und Freunde, was blühte mir anders, ich trat 1794 in ein preussisches Husaren-Regiment und diente unter solchem bis 1803 von der Pique auf.
Die Kriegsrüstungen der Österreichischen Truppen ließen damals schon einen Krieg voraussehen, deshalb ging ich zu ihnen über, und machte 1805 den Feldzug gegen Frankreich mit, verließ aber nach der unglücklichen Übergabe von Ulm besagte österreichische Truppen, trat in vaterländische, die württembergische Dienste, und marschierte sodann mit den Alliierten gegen Österreich, und das folgende Jahr gegen Preussen, 1806. Vor der Festung Neußen, die wir belagert hatten 1807 erhielt, ich die Ehren-Verdienstmedaille.
Als der Krieg aufs Neue sich gegen Österreich wandte 1809, avancierte ich vor Wien zum Second Lieutenant, und wurde bald hierauf erwählt, im Verein mit anderen Truppen bei dem Abmarsch der Alliierten die Insurgenten des Vorarlbergs in Schach zu halten und zu bekämpfen.

Die militärischen Begebenheiten jener und der darauffolgenden Zeit sind zu welthistorisch, als dass ich es wagen könnte, mich in die Einzelheiten jener Kämpfe, denen ich selbst beiwohnte, einzulassen; genug, dass ich hier auf jene Tatsachen eingehe, deren thätlicher Zeuge ich war.

Ich übergehe die einzelnen Schlachten und Kämpfe bis 1814, in denen ich in Anspruch genommen war; noch lebende, gutdenkende Freunde mögen diese Lücken ausfüllen. Während dieser Kriegsperiode avancierte ich zum Ober-Lieutenant und erhielt den Militär-Verdienstorden und 2 goldene Medaillons.

Zu Ende des zweiten Krieges rückte ich in die Stelle eines Stabs-Hauptmanns vor.

Endlich rückten wir wieder in die Garnison Stuttgart ein; ich fühlte mich aber kränklich, wurde deshalb zum Garnisons-Bataillon Hohenasberg versetzt. Bald war ich mit meiner Familie, welche aus Frau und zwei Kindern bestand, auf der Festung eingerichtet.

Kaum war ich 14 Tage auf der Festung, als mir ein guter Freund bei einer häuslichen Zusammenkunft, sagte, dass Platzhauptmann v. D. mich in Hinsicht meiner Dekorationen beneide, sich aber auch geäußert habe, ich hätte mir solche nicht aus Verdienst als vielmehr aus Schmeichelei erworben. Ich fand bald Gelegenheit, den Hauptmann v. D. über diese Äußerung zur Rede zu stellen. Nichtssagende Entgegnungen führten eine Herausforderung herbei. Die Stelle wurde bestimmt, aber welche Verrätherei! Anstatt sich mir zur Vertheidigung zu stellen, sprang er schnurstracks zum Festungs-Commandanten v. H. und benachrichtigte ihn von dem Vorhaben.

Der Oberst schickte sogleich den Adjutanten zum Bataillons-Commandanten mit dem Befehl, mir Arrest zu geben. Von diesem benachrichtigt, eilte ich zum Festungs-Commandanten v. H. und wollte mich in unterthänigster Submissität wegen des Vorgefallenen entschuldigen, um mich meines Arrests zu entledigen, konnte aber meinen Vortrag nicht vollenden. Anstatt mich anzuhören, rief er mir in einem aufbrausenden Ton unter anderen Ehrenkränkungen entgegen: „Sie gehen in den einmal befohlenen Arrest!“. Dies geschah in Anwesenheit der weiblichen Familie und mehrerer Domestiken, weshalb ich mich berechtigt glaubte, diese Ignorierung wohl etwas abweisen zu können. Ich ging also von meiner Entschuldigung, die mir, wie bereits berichtet, vorzutragen nicht gestattet wurde, in die Worte über: „Herr Oberst, sie behandeln mich involent, auf solche Weise mögen sie mit ihren Domestiken verfahren, aber nicht mit mir als Offizier, der das Port Epee sowohl wie sie zur Ehre des Königs trägt.“

Bei Vollendung dieser Entgegnung, als ich gerade das Port Epee erwähnte, zeigte ich, jedoch nicht stark und mit flacher Hand, an den Griff meiner Seitenwaffe, woran das Port Epee gefestigt war. Noch aber fügte ich hinzu: „ Herr Oberst revanchieren sie mich“, womit ich aber nur sagen wollte, dass ich in einer solchen Gesellschaft auf solidere Weise behandelt seyn wolle.

Dies schien ihm ein verhängnisvoller Augenblick zu seyn, musste er völlig glauben, dass die Aktion meiner Rede eine Handlung voraussetze, an die ich im entferntesten Sinne nicht dachte, denn er rief der sich unten befindlichen Wache, um mich unverzüglich arretieren zu lassen. Als ich diesen Zuruf vernahm, sagte ich kaltblütig: „Herr Oberst, wenn sie meine Worte so auslegen, so weiß ich den Arrest wohl selbst zu finden, und ging, ohne abzuwarten, auf das Wachzimmer und übergab dem wachhabenden Offizier meinen Degen.

Der Oberst ließ sogleich einen Stabsfourier kommen, und diktierte ihm eine Meldung an Se. Majestät den König, der sich zu dieser Zeit in Monrepos befand.

Der Befehl des Königs ließ nicht lange auf sich warten, er lautete dahin, dass ich ungesäumt verhört und hiernach kriegsrechtlich behandelt werden solle, was nach dreimaligem Verhör auch geschah.

Das Endurteil erfolgte: 5 jährige Festungshaft, Cassation und Verlust meiner Orden.

Gerechter Gott, welche Strafe! Um welches Vergehen! Dass ich nicht heuchelte, nicht frönte dem unsoliden Betragen einiger meiner Mit- und Oberoffiziere, dass ich meine Ehre vor Domestiken hingeworfen, zu retten mich erlaubte.

Bataillons-General Oberstlieutenant v. Maier, welcher besonders wegen einer gewissen Sache gegen mich aufgebracht war, machte die Bemerkung in der Conduiten Liste, als hätte ich ein unheilsam hitziges Temperament, welches mir dann auch zum Nachtheil gereichte. Genug, mit Standhaftigkeit und den größten Anstrengungen, mit den mir bewilligten 0,16 Kreuzer täglich Sustentationsgeldes meine Familie aufrecht zu erhalten, ertrug ich meine Gefangenschaft.

In ruhiger Fassung blickte ich auf das ungesetzte Betragen meiner Neider, die es nach so manchem Versuche, mich die Gefangenschaft recht empfindlich fühlen zu lassen, nicht weiter konnten, als mich bey denen, die mein Unglück empfinden mochten, als einen Mann zu beschreiben, der seiner Rede nicht mehr mächtig, deshalb wahnsinnig sey. Ich flehte zum Himmel, dass er mich und meine Familie nur gesund erhalten möge, ich blieb es während der ganzen Gefangenschaft, und einige wenige Edle schreckte mein Umgang, den man gefährlich glaubte, dennoch nicht. Sie besprachen sich manchmal auf das Wohlwollendste mit mir und ihrer Hülfe, die stets zur rechten Zeit eintraf. Wollte ihnen Gott ihre Nachkommen noch segnen.

Eines tief kränkenden Vorfalls, der sich während meiner Gefangenschaft ereignete, kann ich zu erwähnen nicht unterlassen.

Nach der Thronbesteigung unserer jetzt regierenden Majestät wurde den gefangenen Offizieren Pardon ertheilt. Die Befreiungsliste überbrachte eines Tages ein General Auditor. Der Oberst v. H. ließ auch mich rufen; ich ging in der Hoffnung, dass auch ich die Freiheit erlangen könnte, dem erhaltenen Rufe zufolge in den Zirkel der versammelten Offiziere. Der Oberst kam, deutete einigen vor mir ihre Freiheit an, und als an mich die Reihe kommen sollte, sagte er (was er doch vorher wissen musste, ehe er mich rufen ließ), „Ich habe keinen Pardon für Sie, ich bedauere." Ich trat ab und dachte, welche vorsätzliche Qual! In der Sommerzeit des Jahres 1821 erhielt ich meine Freiheit und mit derselben Aussicht, wie ich dazumal, als ich mir meine Selbständigkeit erworben hatte, war. Ich zog mit meiner Familie nach dem nicht weit entfernten Orte Stammheim.

Noch befand ich mich nicht lange dort, als ein Beamter, den seine Geschäfte in jener Gegend nothwendig selbst in Anspruch nahmen, mein Schicksal dadurch zu erleichtern vermochte, dass er mich bei seinen untergeordneten Geschäften Theil nehmen ließ, wodurch ich mir ein Tagegeld von 40 Kreuzer verschaffte.

Beim Eintritt des Winters, welcher dem Geschäft ein Ziel setzte, versiegte die Hilfsquelle.

Doch auch dieser traurige Winter verfloss, und als es Frühjahr geworden, beseelte auch mich neue Hoffnung, mein Schicksal zu verbessern. Ich wusste, dass sich in Stuttgart ein Griechen-Verein gebildet hatte, durch dessen Unterstützung hoffte ich wieder nach dem Kriegsschauplatz kommen zu können. Meine Verwendung bei den Vorstehern des Vereins blieb nicht ohne Erfolg, indem derselbe meinem Wunsche entsprach, dass ich im Genusse einer Unterstützung von Verein zu Verein über Augsburg, München, Wien usw. über die Moldau und Walachei nach Griechenland reisen sollte.

So schnell als thunlich machte ich mich mit meiner Familie reisefertig und kam von Station zu Station ohne besonderen Aufenthalt in Wien an. Als ich mich einige Tage daselbst verweilte, bekam ich Besuch der dortigen Vereinsmitglieder, die sich mit mir über den Endzweck meiner Reise besprachen. Der Wirth, bei dem ich logierte, glaubte sich verpflichtet zu fühlen, einige aufgefangene , auf den Griechen-Verein hinspielende Ausdrücke der Polizei anzeigen zu müssen, weil er wusste, dass von Seiten der österreichischen Regierung keine gute Miene zu dem Vorhaben der Vereine gemacht werde.

Hierauf ließ mich der Polizei-Direktor rufen und erklärte mir, dass ich meinen Weg nicht über die Walachei und Moldau, ungeachtet meiner entsprechenden Papiere, fortsetzen könne, ja nicht einmal die Grenze gegen Russland überschreiten dürfe.

Letzteres war mir sehr auffallend, doch besann ich mich nicht lange und erklärte, dass ich mich in Hinsicht meiner Verhältnisse an seine Majestät den Kaiser wenden werde.

Ich that dies auch sogleich, schilderte dem Kaiser meine Lage, spielte auf meine im österreichischen Dienste verlebten Jahre hin. Seine kaiserliche Hoheit hatten die Gnade, mir die Eröffnung machen zu lassen, dass ich wohl auf die Berücksichtigung hoffen dürfe, in die Zahl der Offiziere einzutreten, müsste mich aber zu dem Behuf Jahr und Tage in Wien aufhalten.

So sehr eine solche Anstellung in meinem Wunsche lag, war sie dennoch zu entfernt von den Mitteln, um meine Familie in Wien unterhalten zu können; ich reiste deshalb wieder retour nach Stuttgart.

Bei meiner Ankunft daselbst legte ich meine Reiseroute mit den Gründen meines Wiederkommens vor, der mich sodann unter der Aussicht entließ, mir einen anderen Weg dorthin zu bahnen. So getröstet ging ich wieder in mein verlassenes Domicil nach Stammheim zurück. Zwei Monate nachher in den ersten Tagen des Januars 1823 erhielt ich den Auftrag, vor dem Verein zu erscheinen, und erhielt dort den Befehl, über Geneve, Lyon nach Marseille zu reisen, wo ich nebst anderen dort eintreffenden Personen vom Militärstande nach Griechenland eingeschifft werde.

Auch auf dieser Reise wurde ich auf dem Hinmarsch stationsweise unterstützt und kam, diesmal ohne Familie, in Marseille glücklich an. Wie vorausgesagt, traf ich dreißig und etliche Militärs ver-

schiedener Länder und Chargen, die gleich mir auf eine baldige günstige Nachricht in Betreff der Einschiffung warteten. Fünf Wochen verstrichen, und noch waren wir ohne Nachricht von General von Normann, der unsere Einschiffung bezwecken sollte.
Dagegen kam ein griechischer Commissär und ließ uns bedeuten, dass es Griechenland nicht an Mannschaft, wohl aber an Geschütz und Munition fehle, und ein längerer Aufenthalt in Marseille, auf die Hoffnung gegründet, von Seiten Griechenlands abgeholt zu werden, uns leere Hoffnung sey, wenn wir nicht Mittel besäßen, unsere Überfahrtkosten selbst decken zu können. Dies war für uns eine traurige Nachricht, und nun der Heimweg die einzige Zuflucht. Durch den Aufenthalt in Marseille ging meine Börse versiegen, die Unterstützung blieb aus, daher war mein Rückmarsch mit bitterem Mangel begleitet, so dass ich meine Herberge öfter unter freiem Himmel nehmen musste, noch zufrieden, wenn sich mir nur ein Trunk frischen Wassers darbot.
In der Mitte März erfolgte meine Ankunft in Stammheim.

Im August desselben Jahres erhielt ich eine Anstellung von der Regierung in Ludwigsburg als Hausmeister in dem Polizeigehäuse zu Rottenburg mit einem Einkommen von 250.- Gulden.
Bis die neue Organisation im Jahre 1828 erfolgte, bekleidete ich diese Stelle, von da an aber war ich wieder brotlos. Die größte Noth wussten Seine Königliche Majestät zu lindern, indem Höchstdiesselben mir einen Jahresgehalt von 150.- Gulden auf die Kriegskasse angewiesen, zusagten.
Zu Ausgang des Jahres 1829, als noch nicht der unvergesslich furchtbare Winter eingetreten war, fand ich mich bewogen, eine Reise zu meiner Schwester, die an einen Stadtarzt in Litthauen ( = 18 Meilen hinter Königsberg) verheiratet war, zu unternehmen. Ich traf unter allen Unbequemlichkeiten des strengen Winters dort ein, fand aber meine Schwester nicht mehr unter den Lebenden. Sie war vor einem Jahr gestorben und mein Schwager an eine Witwe

aufs neue verheiratet, die ihm zu den eigenen Kindern noch weitere zubrachte. Grund genug, meine Absicht, für mich dort ein Asyl zu finden, der ich selbst vor einem Jahr Wittwer wurde, scheitern zu machen, würde ich unverzüglich meine Rückreise wieder angetreten haben, hätte ich nicht bereits auf der Hinreise die Spuren eines Gliederwehes empfunden. Diese Krankheit entwickelte sich noch mehr in Litthauen, deshalb meine alsbaldige Abreise unmöglich war. Im Frühjahr 1830 wurde ich doch so weit hergestellt, um meine Heimreise antreten zu können. Kummervoll erreichte ich Stuttgart wieder, wo ich noch längere Zeit damit zu schaffen hatte, um von meiner Krankheit gänzlich befreit zu werden.
Nach meiner Genesung zog ich wieder nach Stammheim; es war dies freilich kein beständiger Aufenthalt, denn ich, auf meine eigene Person beschränkt, musste jeden Ort, der sich mir günstig zeigte, als meine Heimath betrachten.
Im Jahr 1831 machte man mir Hoffnung in Belgien, militärische Dienste finden zu können. Hoffnungen! O sie waren dazumal Erquickungen! Mit Eifer verfolgte ich meinen Weg dorthin, kam aber nur nach Mainz; dort verwendete sich der Kaiserlich Königliche österreichische Generallieutenant und Vice-Gouverneur der Bundesfestung Mainz, Herr Graf von Monsdorf für mich bei Seiner Majestät, dem König von Belgien.
Die Resolution ließ aber zu lang auf sich warten; mittlerweile neigte sich der Krieg zwischen Belgien und Holland zum Frieden, und somit war meine Hoffnung vernichtet. Durch den langen Aufenthalt in Mainz ging meine Barschaft zu Ende, deshalb war mein Rückmarsch mit vielen Beschwerlichkeiten verbunden.
Von dieser Zeit an trachtete ich, nachdem ich mich wieder in der Nähe von Stuttgart befand, eine, wenn auch nur etwas passende, Stelle zu erhalten. Behufs dessen suchte ich Freunde, die mir von vakant werdenden Stellen Mittheilung machen konnten. Mehrenteils waren aber dergleichen offene Stellen durch nähere Freunde oder gar Verwandte des Ausschreibenden besetzt, oder sie waren

schon vergeben, ehe sie ausgeschrieben wurden. In beiden Fällen kam ich zu spät und man bedauerte mich jedes Mal. Übrigens war auch mein Unvermögen, eine Caution zu stellen ein großes Hindernis meinen Zweck zu erreichen.
Im Jahr 1834 wurde mir endlich die Stelle eines Aufsehers am Catharinen Hospital in Stuttgart durch den Hochlöbl. Stiftungsrat zu Theil, welche Stelle ich vier Jahre lang begleitete, solcher aber, wegen eingetretener Krankheitsumstände, entsagen musste.

Noch einige Bemerkungen zu meinen Voreltern:
Mein Urgroßvater war K.K.Österreichischer Oberst, Festungs-Commandant, Freiherr v. Walther, zu Neustadt in Ungarn, musste sich aber wegen Religionsstreitigkeiten flüchtig machen. Sein ganzes Vermögen wurde confisziert. Er reiste nach Wien, um dem damaligen Kaiser Joseph seine Beschwerde vorzutragen, erhielt aber nicht das gewünschte Ziel, der Tod ereilte ihn.
Meine Urgroßmutter bewirkte nachher bei der K.K. Regierung, dass sie wieder einiges Vermögen herausbekam. Nachher begab sie sich nach Stuttgart, wo sie nach wenigen Jahren starb.
Der älteste Sohn war Mundschenk bei Sr. Durchlaucht weil. Herzog Eberhard Ludwig; der zweite begleitete bei Hof eine Stelle in der Ökonomie, war Vogt auf den Kniestettschen Gütern zu Dürnau, und später wurde er Expeditionsrath in Stuttgart.
Meines Vaters Bruder war Lieutenant in dem Husaren Regiment General von Konwinghausen, später bekam er die Aufsicht über die Hohe Carls-Schule. Dessen Sohn diente im Regiment von Phull als Lieutenant und starb in Böhmen.
Anmerkung: Während mein Vater in preussischen Diensten stand, wurde unser Adel durch die Verwendung Sr. Majestät Friedrich den Großen bei Sr. Majestät Kaiser Joseph von Österreich wieder erneuert.

Nicht falschem Stolze oder Heuchelei konnte ich frönen, daher arbeiteten meine Neider meiner Verdienste an meinem Unglück. Ihren Endzweck erreichten sie insofern völlig, als sie mich in die größten Nahrungssorgen versetzten, aber sie scheiterten doch daran, mir meine Ehre, meinen gesunden Verstand rauben zu können.

Mit Geduld ertrage ich jedoch mein Schicksal, in der Hoffnung, dass eine baldige Erlösung meinen Leiden ein Ziel setzen werde.

# Anlage 2: „Zur Goldenen Hochzeit“

## *Meinen Eltern zum 27.11.1966*

Ihr habt es getragen fünfzig Jahr
Und seid deshalb mit Gold bekränzt;
Wenn es auch ein erfülltes Leben war:
Es ist nicht alles Gold, was glänzt.

Fünfzig Jahre scheinen eine lange Zeit,
doch kurz, wenn sie vorüber sind.
Sie brachten Freud und ein gerüttelt Maß an Leid –
um so mehr habt Ihr das Gold verdient.

Wenn jemand meint – es ließe immerhin sich denken –
dass ungleich ist die Teilung der Gewalten,
so irrt er da; Vieles musste sie zwar lenken,
doch war von ihm unmerklich immer sie gehalten.

Gemeinsam zogen sie an einem Strang
und haben damit viel erreicht:
Nach harter Plag ein reicher Fang,
wenn man einmal mit Fischern sie vergleicht.

Der Anfang stand, das wisst ihr alle,
bestimmt nicht unter einem guten Stern;
der Krieg - und dann noch ihre Galle,
da stand der Tod oft gar nicht fern.

Ich habe Euch ein gutes Stück begleitet
und habe vieles mit erlebt,
wie Ihr Euch gegenseitig habt geleitet
und damit heute auch noch Beispiel gebt.

Ihr hieltet' s nach dem schönen Lied:
*„So lass ich meinen Gott nur walten"*
und gnädig hat er, wie man sieht,
Euch füreinander stets erhalten.

So könnt Ihr heute Rückschau halten
auf ein Jahrhundert wechselvolle Zeit.
Wenn sich auch oft sehr dunkle Wolken ballten,
so folgte Freude doch auf jedes Leid.

Schaut nur, wie kräftig blüht der Baum,
den Ihr gepflanzt, der aus Euch wurzelt;
und bald schon – sagen mag ich´s kaum –
aus ihm ein neuer Sprössling purzelt.

Sie, die mit jedem Tage mehr erwachen,
sind´s, die Euch besonders nötig haben;
sie werden Euch bestimmt noch viele Freude machen
und Eure Ruhe stör`n mit tausend Fragen.

So könnt Ihr freudig und zufrieden
ein Erntedankfest heute feiern.
Und ist es Euch dereinst beschieden,
so bringt die Ernte ein in Seine Scheuern.

*Von Manfried Fischer sind beim Re Di Roma-Verlag erschienen:*

**"Den Wind in der Hand", mein Leben unter Segeln**
**ISBN 978-3-86870-346-7**

**Laurentiustränen**
**ISBN 978-3-86870-444-0**

**Glück und Glas**
**ISBN 978-3-86870-540-9**